実践
ロジカル・シンキング
入門

日 本 語 論 理 ト レ ー ニ ン グ

A Practical Introduction to Logical Thinking

野内良三 著

大修館書店

はじめに

　論理的に考えなければならない。きっちりとした議論を展開しなければならない。こんな注意を私たちは常日頃よく聞かされる。しかし論理的な議論が必ずしも説得力があるとも言えない。それは「理屈は分かるけれども……」といった類いの不満を想い浮かべればすぐに納得がいくはずだ。「論理的」であるということと「説得的」であるということはどういう風につながっているのだろうか。そのことを突き止めるためにはまず次の2つのことを検討しなければならない。
　（1）　論理的に推論するとはどういうことか。
　（2）　説得的に議論するとはどういうことか。
　本書はこの2つの問題を掘り下げる。
　ところで，論理的に推論することは論理学の課題である。また説得的に議論することはレトリックの課題である。本書はいわば論理学とレトリックのあわいで両者の架橋を図っていると言えるかもしれない。もちろんなま易しい仕事ではないことは覚悟の前であるけれども。
　欧米文化に多少なりとも親しんだ人ならその文化が本質的に「レトリック精神」のたまものであることに気づくはずだ。レトリックの伝統をひしひしと感じとるはずだ。「レトリック精神」――それを一言でいうのはもちろん難しいけれども，無理を承知であえて言葉にすれば，人を「説得」することが基調にある思考のスタンスということだろうか。
　「説得すること」（議論すること）の前提にあるのは，他人は自分とは異なった考え方をもっているはずだという思いである。フランス人の生き方をよく表すものとして「人とは違った風に」（Pas comme les autres.）という言い回しがある。そこには，人はそれぞれ自分の考え・生き方があ

る，見解の相違はあって当然だという発想がある。だから必要とあれば言葉を尽くして自分の考え方を相手に同意させることに心を砕く。そこに見られるのは，「話し合い」や「対話」という言葉では覆いつくせない，もっとピンと張りつめた人間関係であり，「論争」への可能性を常にはらんだ「対決」のスタンスである。

　翻って考えてみれば，日本ではそういう「対決」を回避する形でことが運ぶ。あるいは「対決」を回避するようにお膳立てをととのえると言うべきか。いわゆる事前の「根回し」である。「意見の対立」は調整され「意見の一致」が図られる。ここにあるのは「個」の論理ではなくして「集団」の論理である。日本的説得とは相手を説き伏せることではなく，「身内」に引き入れることである。全員が同じ一つの考え方にたどり着き，それを共有することが肝腎なのだ。だからこそ「出る杭は打たれる」のであり，「和をもって貴しとなす」ということにもなる。そして会議は「異見」が戦わされる論争の場ではなくて，意見の一致を確認するためのセレモニーの場と化す。ここには，人はみな同じ考え方をするものであり，また当然そうであるべきだという「横並びの」画一主義的発想が見られる。

　もちろんこうした日本的慣行がすべてよくない，間違いだということでは決してない。それはそれとしてよい点があったからこそ，これまで永く受け継がれてきたにちがいない。最近は日本的慣行は肩身が狭い思いをしているが，欧米流の個人主義，「対決」主義の弊害も挙げれば色々ある。たとえば欧米式は時間がかからず合理的だが，切り捨てがあり，あとにどうしても不満が残る。それにひきかえ，日本式は時間はかかるけれども，調整（妥協）があるので不満が少なくなる。欧米的行き方と日本的行き方を天秤にかければ──前者をよしとする論調がこのところ強まりつつあるけれども──公平に見て功罪相半ばと判定するべきではないか。少なくとも私はそう思う。どちらで行くべきかはケース・バイ・ケースだろう。

　こんなふうに考えてくると日本でレトリックが根づかなかった理由もなんとなく分かるような気がする。

はじめに

　欧米文化の柱であるギリシア=ラテン的伝統とキリスト教の重要性についてはよく知られており，これまでにも丁寧な紹介がなされてきた。しかしながら，欧米文化のもう1つの重要な柱であるレトリックについては残念ながら他の2つのように必ずしも十分な紹介の労が払われたとは言いかねる。というより，その必要が感じられなかったいうべきか。思えば，日本人は明治以来，西洋の文物を強靭な胃袋に次々と放り込んでおのれの滋養としてきたが，レトリックだけはどうも受けつけなかったようである。

　では，レトリックの重要性が認識されていなかったのかといえば決してそういうわけはなかった。それなりの移植の努力はあった。ただ，日本の精神的風土にそぐわず，根づかなかったというのがどうやら実情のようだ。要するにレトリックはお呼びでなかった。これまでの日本あるいは日本人はレトリックの必要性を感じてはいなかったということなのだろう（自由民権運動と雄弁術の短い結びつきを除いては）。必要のないところにレトリックの花が咲くはずがない。

　もっとも，レトリックの本家本元のヨーロッパでもレトリックはとかくうさん臭い目で見られていたことも事実である。内容空疎な美麗な文章，あるいは黒を白と言いくるめる詭弁——昔も今も，レトリックにはなぜかマイナスのイメージがつきまとっているようだ。「それはレトリックにすぎない」，これこそレトリック非難の常套句である。だが，呪文のように同じ非難が繰り返されてきたということはむしろ「レトリックの力」の証しでもあるだろう。事実，レトリックはギリシア以来2千数百年の伝統を誇る最も古い学科目の1つだ。ただ，近代になって合理性を尊ぶ近代科学の発展や個性を謳うロマン主義の台頭により，レトリックは一時後景に退かざるをえなくなった。想えばギリシア・ローマ以来のレトリックの伝統は19世紀の終わり頃にいったん途切れたのだ。その証拠に中世以来，中・高等教育のカリキュラムのなかにしっかりと組み込まれていた「レトリック」という科目がその存在理由を否定され，抹殺されてしまった。「レトリック」は一度死亡宣告を突きつけられたのである。

しかしながらレトリックは不死鳥のように甦った。

19世紀末以降，科学万能主義，客観的真理への信頼に疑問符が打たれ，知の「相対主義」が登場した。判断の根拠が根本的に問われるようになった。「証明」とは要するに「説得」にしかすぎないのではないか。「真理」とは要するに「信念」の表明にしかすぎないのではないか。レトリックの見直しはこうした現代的知のパラダイム（枠組み）の転回と無縁ではない。それにまた，映像と情報が錯綜するマスメディア（広告・CM）時代の到来である。大衆はありえない真実よりはありそうな「本当らしさ」を求める。大切なことは「売り込むこと」である。こうした時代の流れのなかで「説得する」という営為の重要性があらためて認識されるようになる。「説得の論理学」（ペレルマン）の構築が要請されることになる。

こうして欧米では近年，レトリック再検討の動きが顕著で，「レトリック・ルネサンス」が云々されるほどである。文学の方面では「文彩」figure(s)の再評価・再検討が盛んになりつつあるが，ここでとりわけ注目に値するのは，古典レトリック，つまり「弁論術」が「議論法」（論証法）の観点から熱い視線を集めていることだろう。

人を説得するためにはどのように議論を組み立てなければならないか。議論法・説得術としてのレトリック，この問題はあらためて現代的な視点から問い直す必要がある。伝統的なレトリックがとかく不信の目で見られ，黒を白と言いくるめる詭弁と混同されてきただけになおさらである。現代論理学の成果を十分に参照しながら，レトリックの再構築を図ることは焦眉の課題であろう。とりわけ日本においては。

なぜだろうか。

日本と日本人が変わりつつあるからだ。あるいは変わらなければならないからだ。昨今，日本を取り巻く状況は大きく変わってきた。国際情勢を見渡しても，私たちの身の回りに目を転じても「国際化」の波はひたひたと押し寄せている。以心伝心や「なあなあ主義」はだんだん通用しなくなっている。相手に対して自己の立場をはっきりと主張・説明することが

はじめに

いろいろな場面で強く求められるようになってきている（もっとも最近の日本人は以前に比べて自己主張する人が多くなってきた。ただ残念ながら，その自己主張は論理的とは言いかねるけれども）。「説得すること」（議論すること）の意味がこれまでになく重要性を増してきたのである。

説得としての論証，あるいは論証としての説得——この問題を現代的な視点から私たちなりに問い直してみたいというのが本書の1つの狙いである。ただ，本書は世に多く出まわっている議論や説得に関するハウツーものとは一線を画している。本書で問題にするのは議論や説得のための小手先の技術ではない。議論の組み立て方は主題や語りかける相手や話される状況などによってそれこそ千差万別である。ハウツーものを読んで議論や説得のコツをつかんだと思っても，いざ実行に移してみると，うまく行かないのはそのためだ。マニュアル（処方箋）と議論の実際とのあいだに落差があるのだ。肝腎なことはそうした表面的な現象ではないだろう。どんな状況にも対応できるような，もっと根本的なことが問題なのだ。もっと原理的なことが明らかにされなければならないのだ。

本書がもっぱら照準を合わせるのは個々の事例を支える「推論」と「論証」の型（パターン）である。本書は「推論」と「論証」の仕組みを解き明かし，その運用に習熟することを目標にしている。

まず論理的に考えるということ（推論）はどういうことかを根底的に問い直す。いわば「論理学から」のアプローチである。この作業は私たちが日々おこなっている「推論」の原理的検証である。そのあとで「推論」が日常的な議論では「論証」という形で実現されることを見定める。いわば「レトリックから」のアプローチである。本書は，大切な点には何度も立ち返りながら「推論」と「論証」の核心にゆっくりと螺旋的に切り込んでゆくことになるだろう。

「推論」と「論証」は頭で分かっていてもいざ使ってみると思わぬ間違いをおかすものである。実際的な運用を考えて多くの「例題」と「練習問題」（合わせて145題）を用意した。すべてに詳しい解答をつけたが，な

るべく自力で挑戦してみてほしい。知らず識らずのうちに立論・反論の力と勘（勘も大切である）がきっと身についているはずだ．説得力ある議論を展開するための「論理的思考力」を育成する場でもありたい——これが本書のもう1つの狙いである．

最後に，本書の使い方について一言．すでに述べたように，本書は螺旋的記述を旨としているので4つの章は比較的独立している．従ってどの章から読み始めても特に支障はない．むろん第1章から読むのが一番よいが，議論（論証）に関心を寄せている読者，あるいは論理学的記述に抵抗を感じられる読者は第2章から入るのもよいだろう（もっとも，第1章の記述は特にくどいくらいに念入りなものになっている．わからない箇所があっても気にせず読み進めていけば，先で必ず納得する説明に出会うはずだが）．あるいは，最後の章が誤謬推理と詭弁の「事例研究」のようなものになっているので，とりあえず論理的思考の重要性を「体験」してみるのも1つの手かもしれない．

では始めることにしよう．

目次

はじめに　　iii

1　推論のトレーニング——論理学から　3

1-1　論理的に考えるための基本　————————————3

「パソコンの電源を入れる，ならばパソコンが起動する」——この推論は問題がある。なぜか。曖昧な領域を認めず，すべてのものを「真か偽か」に二分する，シンプルかつ強力な論理学的思考のエッセンスを紹介する。

- 1-1-1　推論の第1歩　3
- 1-1-2　搦め手からの推論　6
- 1-1-3　妥当な推論のメリット　9
- 1-1-4　推理規則と論理記号　11
- 1-1-5　論理学のめざすもの　13
- 1-1-6　命題とはなにか　16
- 1-1-7　否定記号（￢）の働き　17
- 1-1-8　連言記号（∧）の働き　19
- 1-1-9　選言記号（∨）の働き　19
- 1-1-10　条件記号（⊃）の働き　21

1-2　論理学と日常言語の落差　————————————25

「勉強しなかった，そして試験に落ちた」「試験に落ちた，そして勉強しなかった」——日常言語では意味が異なる文も，真偽だけを問題にする論理学ではまったく同じものとして扱われる。「ない」「そして」「ならば」などの用法を比べながら，論理学と日常言語との違いを明らかにする。

- 1-2-1 連言記号と「そして」　25
- 1-2-2 選言記号と「または」　31
- 1-2-3 否定の注意すべき用法──「部分」否定　33
- 1-2-4 強い否定と弱い否定　35
- 1-2-5 条件記号のパラドックス　39
- 1-2-6 妥当な推論にこだわる理由　44
- 1-2-7 必要条件と十分条件　46
- 1-2-8 逆も真なり──双条件文　51

1-3 推論の実際　　58

「風が吹けば（前提）桶屋が儲かる（結論）」──前提と結論の「橋渡し」をするのが推論。ここでは三段論法などの重要な推論のメカニズムを解き明かし，日常生活で正しく運用する方法を伝授する。

- 1-3-1 健全な推論と反例　58
- 1-3-2 選言判断　63
- 1-3-3 三段論法とはなにか　65
- 1-3-4 正しい三段論法の見分け方　69
- 1-3-5 対当推理と反論　78
- 1-3-6 三段論法の落とし穴　82

2　論証のトレーニング──レトリックから　88

2-1 立論と反論　　88

論理学の世界とは違って，日常生活では「曖昧さ」が支配している。では，そんななかで説得力をもった主張を展開するためにはどうすればよいのか。

- 2-1-1 議論と説得　88
- 2-1-2 演繹推理と帰納推理　94
- 2-1-3 通念とは　96

2-2 レトリック的推論 ———————————98

「心が乱れているならば服装が乱れる」——論理的でないのに通用している推論には，いくつかのタイプがある。こうした推論の問題点を知り，きちんと立論・反論できる力を身につけよう。

 2-2-1 直接的類似性に基づく推論——比較推論 98
 2-2-2 間接的類似性に基づく推論——類比推論 101
 2-2-3 「関連性」に基づく推論(1)——「逆」推理 105
 2-2-4 「関連性」に基づく推論(2)——「裏」推理 109
 2-2-5 「関連性」に基づく推論(3)——「換喩」的推理 112

3 論証と反論 116

3-1 論証の型 ———————————116

 有効な論証にはいくつかのパターンがある。論理学とレトリックのエッセンスを盛り込んだ10のパターンを学び，説得力のある日本語を上手に使いこなそう。

 3-1-1 論証の無意識性とその効用 116
 3-1-2 論証のパターン 117

3-2 準論理的論証 ———————————119

「覚醒剤やめますか，それとも人間やめますか」——このコピーにあなたは反論できますか？ ここでは論理学的な方法を使った論証のパターンを習得する。

 3-2-1 公平-論証 119
 3-2-2 定義-論証 122
 3-2-3 なおさら-論証 127
 3-2-4 非両立-論証——二者択一 131
 3-2-5 両刀論法 134

3-2-6　背理法　　139
3-3　事実的論証 ————————————142
　論証をするときに注意したいのは，誤った例示や，無理な因果づけ・権威づけ，人身攻撃などだ。たとえば「パソコンを使っている学生の方が，使っていない学生よりも成績がよい。だから成績を良くしたいなら，パソコンを始めるべきだ」——この推論の誤りがわかるだろうか？
　　3-3-1　例示-論証　　142
　　3-3-2　因果論-論証　　145
　　3-3-3　権威-論証　　155
　　3-3-4　人物-論証　　157

4　誤謬推理と詭弁　160
　某国の首脳の常套句「敵と戦わない者は敵に加担している」——このスローガンは正しいだろうか？　問題のある推論の事例をしっかりと押さえて，誤った推論に惑わされないようにしよう。

4-1　前提をめぐる事例　　160
4-2　選択肢に関わる事例　　163
4-3　論点をめぐる事例　　167
4-4　定義に関する事例　　172
4-5　推論形式に関わる事例　　177
4-6　帰納的評価に関する事例　　183
4-7　関連性に関する事例　　185

あとがき　　190
参考文献　　192
索引　　194

実践ロジカル・シンキング入門
——日本語論理トレーニング

1 推論のトレーニング
——論理学から

1-1 論理的に考えるための基本

1-1-1 推論の第1歩

まず最初に原理的な疑問を提出しよう。

論理的に考えるとは一体どういうことなのか。なにをもって「論理的」と称するのか。難しい問題である。この問題を解くためにまず具体的な例に則しながら，どのような推論を私たちは「論理的」と判断するかを見ていくことにしよう。

【例題1】次の推論は正しいか（∴は「それ故に」と読む）。
(1) パソコンの電源を入れる。
   ∴パソコンが起動する。

【解】この推論は正しくない。恐らく読者のなかには「正しい」と答えた人がいたにちがいない。「パソコンの電源を入れればパソコンが起動するのは経験上明らかではないか」というのがその理由だろう。しかし果たしてそうだろうか。確かにパソコンの電源を入れれば多くの場合パソコンが起動するかもしれない。しかし，それは必ずということではないはずだ。電源を入れても起動しないこともあるかもしれない。たとえば基本ソフトウエア（OS）にトラブルがあったとか，あるいはもっと単純に接続ケーブルがプラグからはずれていたとか。

(1)の推論は場合によって正しかったり（真であったり），間違っていたり（偽であったり）する可能性がある。その真偽を決定するには私たちは

事実（現実）との突き合わせ（照合）をしなければならない。この推論の正しさはケースバイケースだ。つまり必然的ではなく偶然的だということだ。このように経験とか事実に左右される真理，つまり事実の真理が問題になる推理を「総合的推理」と呼ぶ。

【例題２】次の推論は正しいか。
(2) パソコンの電源を入れれば，パソコンが起動する。
　　パソコンの電源を入れる。
　∴パソコンは起動する。
【解】この推論は正しい。この推論は「論理的」である。

　たぶん，この【解】に承服できない人がいるにちがいない。先ほど「パソコンの電源を入れる。∴パソコンが起動する」という文（言明）の真偽は必然的ではないと言ったばかりではないか。その文が前提に組み込まれている以上，(2)は必然的ではありえないのは明らかだ，上の判定は「非論理的だ！」と。

　この反論は一見したところもっともらしく思われる。というよりか普通はそう考えるほうが自然かもしれない。だが，ここには慎重に対処しなければならない問題が横たわっている。

　もう一度(2)をじっくりと読み返してほしい。(2)は２つの前提を「踏まえれば」結論が機械的に導かれることに思い当たるはずだ。結論を出すのに事実（現実）を参照（考慮）する必要はまったくない。２つの前提の「形式的な」読みからだけで結論が自動的に引き出せる。言い換えれば，ここで問題になっているのは「パソコンの電源を入れれば，パソコンが起動する」「パソコンの電源を入れる」「パソコンが起動する」という各命題（文）の内容（真偽＝事実性）ではない。問題になっているのは推論の形式のみである。

　(2)のように事実とはいちおう関係なく——むろん間接的には関係があ

るけれども——推論の形式的側面だけが特に問題になる推論を「分析的推理」と呼ぶ。

分析的推理の形式性をはっきりさせるために次のような書き換えをしてみよう。「パソコンの電源を入れる」をp,「パソコンが起動する」をq, とすれば,(2)は次のように記号化できる。

　　　　　　　　pならばqである。
　　　　　　　　pである。
　　　　　　　　∴qである。

先ほどの(2)の推論は実はこうした形式的な構造をもっていたわけだ。pとqになにを代入してもこの推論の正しさは変わらない。たとえばpに「バラ」, qに「美しくて, いい香りがする」を代入してもいい。

　　　　　　バラならば美しくて, いい香りがする。
　　　　　　バラである。
　　　　　　∴美しくて, いい香りがする。

(2)の推論が各命題（pとq）の事実性とは関係のない, 形式的なものだということがこれでお分かりいただけただろうか。このタイプの推論は「前件肯定規則」と呼ばれる。

これを要するに, ある推論が「論理的」であるとはその推論のプロセスが形式的に正しいということである。推論の形式的正しさを「妥当性」validityと呼ぶことにしよう。

推論には妥当なものと妥当でないものとがある。

【練習問題1】次の推論は妥当か。

[1]　アメリカ人の多くはハンバーガーが好きである。
　　　ボブはアメリカ人である。

∴ボブはハンバーガーが好きである。

[2]　すべての生命体はDNAを基礎としている。

　　　ハエは生命体である。

　　∴ハエはDNAを基礎としている。

[3]　原発は自然を破壊する。

　　　自然を破壊するものは悪い。

　　∴原発建設には反対である。

[4]　クジラは空を飛ぶ。

　　　それはクジラである。

　　∴それは空を飛ぶ。

【解】[1]は妥当ではない。ハンバーガーを好きでないアメリカ人もいる可能性がある。

　[2]は妥当である。

　[3]は妥当ではない。原発が自然を破壊し，悪いものであることは分かっていても，たとえば町の発展のためにやむなく原発建設に賛成することはありうる。感情や意志の表明は真偽とは関係がない，つまり論理とは無縁である。

　[4]妥当である。「クジラは空を飛ぶ」という前提は事実に反している（偽）かもしれないが，この前提を仮に正しいと認めさえすれば推論のプロセス自体に矛盾はない。形式的に妥当な推論である。

1-1-2　搦め手からの推論

【例題3】次の推論は妥当か。

(3)　パソコンの電源を入れれば，パソコンが起動する。

　　　パソコンが起動しない。

　　∴パソコンの電源を入れない（入れてないからだ）。

【解】(2)よりスピンのかかった（？）推論だが，このタイプの推論も日常よく見られる。恐らく(3)の推論の妥当性は納得していただけると思うが（その証明はいずれおこなう），この推論を論理学では「後件否定規則」と呼んでいる。この推論を先ほどの手続きにならって記号化すれば次のようになる。

$$p ならば q である。$$
$$q でない。$$
$$\therefore p でない。$$

このタイプに属する別の例を考えてみよう。

赤いセーターを着た女の子が行方不明になった。そして，とある公園で女の子がひとり保護された。その女の子は赤いセーターを身につけていなかった（問題の子供がセーターを脱いだということは想定しないことにする）。このような条件下で人は，その女の子が捜索している子供ではないと結論するだろう。そのとき従ったのは次のような推論のプロセスだ。

行方不明の女の子なら，赤いセーターを着ている（はずだ）。
ところで，発見された女の子は赤いセーターを着ていない。
∴その子供は捜索している女の子ではない（だろう）。

ここまでの記述で確認できたことは，推論の妥当性は前提や結論の表す実質的内容（真偽性＝事実性）とは関係なく，もっぱら前提と結論のつながり方（プロセス）だけに依存しているということである。

【練習問題2】次の推論は妥当か。
[1] 　テニス・プレーヤならばみんな日焼けしている。
　　　一郎は日焼けしていない。
　　　∴一郎はテニス・プレーヤではない。

[2]　天気がよければ人出が多い。

　　　天気がよくない。

　∴　人出が多くない。

[3]　クジラが魚ならばクジラは卵から生まれる。

　　　クジラは卵から生まれない。

　∴　クジラは魚でない。

[4]　ジャックが犯人ならばポールは犯人でない。

　　　ポールは犯人でない。

　∴　ジャックが犯人である。

【解】[1] 妥当である（後件否定規則）。

　[2] 妥当でない。2つの前提からは結論は必然的に導けない。前提は「天気がよくない」ケースについてはなにも言っていないのだから。事実「天気がよくないのに人出が多い」ことはありうる。たとえばクリスマスなら天気が悪くても人がどっと出る可能性があるだろう。問題を含んでいるこうした推理は「前件否定の誤り」と呼ばれる（1-2-7参照）。

　[3] 妥当である（後件否定規則）。第1前提がおかしな内容（偽）であるけれども、推論の形式には問題がない。

　[4] 妥当ではない（なお、きちんとした証明は【練習問題7】の[1]を参照のこと）。ジャックが犯人でないケースもありうる。第1前提「ジャックが犯人ならばポールは犯人ではない」は「ジャックとポールが共に犯人で・あ・ることはない」と言っているに等しい。両者がともに犯人で・な・いことはありうる。

　妥当だと考えた人は[3]のタイプの推論（後件否定規則）と混同している。よく両者を見比べてほしい。後件否定規則ならば第2前提は「ポールは犯人でないということはない＝ポールは犯人である」となるはずで、それなら「ジャックは犯人でない」という正しい結論が得られる。こうした誤った推理は「後件肯定の誤り」と呼ばれる（1-2-8参照）。

1-1-3　妥当な推論のメリット

　論理的に考えるとはどういうことかという問いからはじめて，私たちは論理的な推論における形式的妥当性ということを問題にした。

　しかし読者のなかにはこれまでの記述中で何度か首をかしげたり，日常的理解（常識）とのずれに違和感を覚えた向きも多いにちがいない。というのも，ここまで私たちはあえて論理学の側から記述を進めてきたからだ。従って推論の評価について日常的理解とは別の物差しを使ってきた。つまり推論の妥当性と推論（結論）の正しさはきちんと区別しなければならないということだ。

　論理学は推論の実質的真偽性は問題にしない。前提が偽で結論が真でも論理学的にはいっこうに差し支えない。また前提が偽で結論が偽でも構わない。前提の真偽に関わらず，仮定された前提からのみ結論が導き出せればよい。論理学的には妥当な推論とは事実を考慮せずにもっぱら形式的に結論が導き出せるということだ。

　では妥当な推論のメリットとは一体なんだろうか。

【例題4】次の2つの推論を比べてみよ。そこからどんなことが言えるか。
(1)　マリ共和国は東アフリカにある。（偽）
　　　その国は東アフリカにはない。（真）
　∴その国はマリ共和国ではない。（？）
(2)　マリ共和国は西アフリカにある。（真）
　　　その国は西アフリカにはない。（真）
　∴その国はマリ共和国ではない。（真）

【解】(1)と(2)は後件否定規則に基づいているのだから，両者とも形式的にまったく妥当な推論である。しかしながら論理学が関知するのはここまでで，あとは知識（事実）の問題だ。マリ共和国を知らない人も多いだろうが，そういう人にとっては(1)と(2)の推論が正しいの

か正しくないのか判断のしようがない。でも，それもやむをえないというのが論理学の答えだ。論理学は百科全書的知識を教えるのが目的ではなく，その前提である判断のプロセスを問題にし，判断の仕方を教えるのだから。専門的な知識はあるに越したことはないが，どうしても必要だということではない。(ここで弁解めいたことを一言いっておけば，論理学の例文がつまらないものになりがちなのはこの知識の問題と関係がある。理由は2つ。1つは，内容が貧しい例文のほうが「論理の流れ」が見えやすくなるという経緯，もう1つは，読者に専門的な知識を要求しない，余分な負担はかけたくないという配慮である。)

現実にはマリ共和国は「西アフリカにある」国だから，(1)の推理は事実と明らかに食い違いが見られ，正しくない（偽である）。(2)が正しい推理である。しかし上の結論の違いは前提の違いを忠実に反映していることに注意しなければならない。(1)は前提が偽——第2前提は真であるが，第1前提は偽なので前提全体では偽になる——なので結論は偽になる。(2)は前提が真であるから結論は真になる。つまり妥当な推論は前提が真でありさえすれば，必ず正しい結論（結論＝真）が得られるわけである。

妥当な推論は前提が真ならば必ず正しい結論に導かれる。現在はこの事実だけを確認しておけば足りる（詳しい解説は1-3-1）。ところが妥当でない推論ではこうはいかない。たとえ前提が真であっても，その結論は偽でありうる。

　　菱形であれば四角形である。(真)
　　その図形は四角形である。(真)
∴その図形は菱形である。(？)

結論は真偽不定だ。菱形であることもあるだろうが，長方形や平行四辺形などでもありうる。妥当でない推論では前提が真であるからといって結論も必ず真とは限らない。論理学ではそういった事態は困ると判断するわけである（その理由は 1-2-6 参照）。論理学では真偽不定は偽と見なし，そういう結論を導く推論を妥当でないと判定する。

【練習問題 3】次の推論を評価せよ。

[1]　すべての偶数は 2 で割れる。
　　　∴ 2 で割れる数はすべて偶数である。

[2]　すべての素数*は 3 で割れる。
　　　∴ 3 で割れる数の或るものは素数である。

　*素数とは 1 より大きい自然数で，1 とそれ自身以外では割れない数。たとえば 2，
　 3，5，7，11 など。

【解】[1] 前提も結論も真。しかし推論形式は妥当ではない。結論は前提に依存しているわけではなく，たまたま真になっただけだ。たとえばまったく同じ推論形式である次の推論は誤った結論を導く。「すべての正方形は四角形である。∴ すべての四角形は正方形である。」正方形でない四角形はある。たとえば平行四辺形，菱形など。

　[2] この推論は前提は偽，結論は真。しかし推論形式は妥当である。従って前提を正しいものにすれば正しい推論になる。「すべての正方形は四角形である。∴ 四角形の或るものは正方形である。」

1-1-4　推理規則と論理記号

「前件肯定規則」と「後件否定規則」——この 2 つの規則は私たちが推理したり思考したりする時に拠り所とする基本的な規則だ。しかしながら日ごろ私たちはこんな推理規則があることなどまるで意識しない。そんな

規則の存在は指摘されて初めてびっくりするのが落ちだろう。その消息は母語の文法規則を指摘されたときの反応と似ている。そう，論理学の推理規則は言語における文法規則と考えて大過ない。恐らく両者は分かちがたく結びついているにちがいない。私たちは言葉の規則を習得してゆく過程で同時に思考の規則も習得してゆくのだろう。

ところで私たちが知らず識らずのうちに習得し，使用している推理規則は一体いくつあるのだろうか。これまであげたものを含めて主要な規則（本書で問題にする規則でもある）を列挙してみよう。

① 前件肯定規則　p⊃q, p から q を推理する
② 後件否定規則　p⊃q, ￢q から ￢p を推理する
③ 選言三段論法　p∨q, ￢p から q を推理する
④ 仮言三段論法　p⊃q, q⊃r から p⊃r を推理する
⑤ 否定除去規則　￢￢p から p を推理する

「これはなんだ？」と慌てた向きもあるかもしれないが，記号に無用な恐怖を抱く必要はまったくない。最後の⑤はいわゆる「二重否定」のことだから別だん説明するまでもないだろう（「…でなくはない」は「…である」のこと。日常語では両者にニュアンスの違いが見られるけれども論理学ではもちろん無視される）。③と④の推理規則についてはいずれ詳しく取りあげる。

手始めにここでは論理記号について次のような取り決めをしておこう（用法の説明は次項以下です）。

1）p, q, r, s などのアルファベットの小文字は文記号（命題）を表す（記号はなにを使ってもよいのだが，普通はアルファベットの後半の文字を使う。本書では上の4文字のみで足りる）。

2）⊃は「ならば」（条件文）を表す。

3）￢は「〜でない，非〜」（否定）を表す。

4） ∧ は「そして，かつ」（連言）を表す。
5） ∨ は「または，あるいは」（選言）を表す。
6） ≡ は「同値」を表す。

　本書で使用する論理記号は以上ですべてだが，記号列（論理式）をすっきりさせるために適宜（　）を使用する。

【練習問題 4】上の取り決めに従って ① と ② の推理規則を読んでみよ。
【解】①「p ならば q，及び p（という前提）から q を推理する」
　　　②「p ならば q，及び q でない（という前提）から p でないを推理する」

1-1-5　論理学のめざすもの

　論理学は二値的世界である。「二値的」とは耳慣れない言葉だが，要するに「真か偽か」「正しいか正しくないか」「本当か間違いか」「在るか無いか」のいずれか一方しか認めないということだ。論理学は実にいさぎよい世界である。

　「二値的」――思うにこれが論理（学）的世界と日常的世界を分かつ指標だ。私たちは常日頃はっきりこうだと判断できないような事態にしばしば遭遇する。たとえば原子力発電所を建設すべきどうかという問題。原発は電力確保という点でははなはだ効率がよいかもしれないが，核汚染や自然破壊が恐い。地域の活性化のために原発を誘致せざるをえないというような事情が絡んでくれば，問題はなおさら紛糾することになる。あるいはまた，もともと二者択一的に決めることのできない事例もある。青ともいえるし紫ともいえる微妙な色合いがある。酸っぱいのか苦いのか決められない微妙な味がある。

【例題5】次の文は無意味（非文）でないとすればどんな解釈が可能か（解釈は複数でありうる）。
《彼は青年であって青年でない。》
【解】この種の表現は論理学では許されない。端的に矛盾として斥けられるだろう。確かに，くだんの表現は「形式」だけを問題にすれば「論理的」矛盾をおかしている。けれども，内容に立ち入れば特殊な意味を表現しうる。発話環境（コンテクスト）を商量すると，たとえば次のような解釈が成り立つだろう。
（1） 彼は若いのに，ちっとも若さ（覇気）が感じられない（マイナスの評価）。
（2） 彼は若いのに，えらく円熟（老成）している（プラスの評価）。

　日常的世界はどっちつかずや曖昧さが横行する，きわめてファジーな世界だ。しかしながら確かに曖昧さを絶対に許容しない，あるいは絶対に許容してはならない世界がある。
　たとえば野球。ストライク／ボール，セーフ／アウト，ヒット／ファールの判定では「中間」を認めない。それは申し合わせ（約束）である。どんなに微妙な判定であってもどっちかに決定しなければならない。そこに問題が隠在しており，時にそれが表面化する。審判の判定に対する抗議が起こる。それでもどちらかに最終的には決定しなければならないのは，「二値的」判定こそが野球の存立基盤だからだ。野球に限らず「二値的」規則をもつことが多くの「ゲーム」の特徴である。
　ある人為的な申し合わせ（数学や論理学では「公理」と呼ばれる）から出発する以上，論理学も一種のゲームにはちがいない。曖昧さは断固として排除しなければならない。だが論理学が「二値的」に固執するのはそれだけからなのだろうか。まだほかに理由はないのだろうか。

この種の問題を考える場合,「実用主義」の立場に身を置くと問題の本質が見えてくることがある。「二値性」を採用したらどんな便利なことがあるのだろうか。すべての命題（文）を真か偽にきっちりと振り分けることによって命題を機械的に処理できるようになる。これは大変都合のよいことだ。曖昧さを認めたらこんなふうにはいかない。そして命題（＝文）を機械的に（＝一律に）処理できるということは私たちの「推理」を「計算」に置き換えることを可能にする。「二値性」の核心的意味は「推理」を「計算」に変換することにあると言えるだろう（コンピュータの原理も0/1の二値性にある）。このことは先ほど紹介した¬，∧，∨，⊃が「論理演算子」（＝論理結合子）と呼ばれていることにもよく示されている。

すでに注意したように文記号（命題）が具体的になにを意味しているか（実質的内容）には論理学は立ち入らない。では何を問題にするのか。その真／偽だけだ。文記号がどんなに沢山並んで複雑そうに見えてもすべて真／偽の組合せに還元されてしまう。これを逆に見れば論理演算子が非常に大きな役割を演じるということである。

【練習問題5】次の文は無意味でないとすればどのような解釈が可能か。
「彼は会議に出席し，会議に出席しなかった。」
【解】たとえば《彼は確かに会議には出席したけれども，まったく発言もせず出席していないのも同然であった》。

【練習問題6】次の命題を記号化せよ（命題は肯定文を基本にすること。たとえば「私は勉強しない」はpではなくて¬pと記号化する）。
[1]　彼女は美容院に行き，それからデパートの食品売場で買い物をした。
[2]　明日は映画に行くかドライブをする。
[3]　わたしは天気がよくなければジョギングはしない。
[4]　彼は英語もフランス語も喋れる。

[5]　明日は雨が降らない。
[6]　園児たちは踊ったり，歌ったりしている。
[7]　大学を出たら旅行代理店か航空会社に就職する。
[8]　Aが犯人ならばBもCも嘘をついている。
【解】[1]$p \wedge q$　[2]$p \vee q$　[3]$\neg p \supset \neg q$　[4]$p \wedge q$　[5]$\neg p$　[6]$p \wedge q$
[7]$p \supset (q \vee r)$　[8]$p \supset (q \wedge r)$

1-1-6　命題とはなにか

「真」は日常的表現では「それは正しい」とか「それは本当である」「それは事実である」「それは成立する」というような意味を表す。「偽」はその否定で「それは正しくない」とか「それは本当ではない」「それは事実ではない」「それは成立しない」などを表す。そして「真」はT，「偽」はFで表す（それぞれ truth, false の頭文字から）。すべての命題（文）はTかFに置き換えることができる。ただし，次の3点に注意しなければならない。

1)　命題は平叙文（記述文）でなければならない。
2)　命題は平叙文であればその形態は問わない。
3)　名辞は命題にはなれない。

まず，1)の「命題は平叙文でなければならない」ということ。
命題は疑問文や命令文，感嘆文であってはならない。命令文や疑問文，感嘆文はいずれも発話者の主観（個人的思い）の表明であるから一義的に真／偽を決めることはできないからだ。命題は真か偽，どちらかに決定できなければならない。
次に，2)の「命題は平叙文であれば形態は問わない」ということ。

(i) 彼は学生だ。

(ii) あの人は学生どす。

(iii) 学生だ，彼は。

(iv) He is a student.

(v) Il est étudiant.

これらはすべて平叙文であるが，それぞれ表現形態やニュアンスに違いが見られる。英語やフランス語もある。しかしこれらは共通の意味内容を持っている。実質的に内容が同じものは論理学では同じ命題として扱う。従って上の5つの文は記号化すればすべて，たとえば同一の記号 p で表せる。論理学が個別言語の違い——日本語，英語，フランス語，ドイツ語など——を超越して，普遍的な人間の思考プロセスを問題にしうることがここにも示されているだろう。

最後に，3)の「名辞は命題にはなりえない」ということ。

名辞は概念を表すけれども，真偽とは無縁だ。名辞は1語でもいいし数語でもいい。また名辞はなにも名詞（名詞句）とは限らない。形容詞でもいいのだ。「犬」「バラ」「このケーキ」「イギリスの貴族」「赤い」「甘くておいしい」——いずれも名辞である。しかし名辞（語）は命題（文）と異なり，真偽は問題になりえない。「犬は賢い動物である」とか「バラの花は赤い」とか「このケーキは甘くておいしい」とか文になって初めて真偽が問題になりうるのだ。そして命題には常に真であるものもあり，常に偽であるものもあり，真であったり偽であったりするものもある。すでに指摘したように私たちが日々接する命題の多くは真偽が定めがたいが，論理学が注目するのは常に真か，常に偽である命題である。

1-1-7　否定記号（￢）の働き

命題は単純命題と複合命題とに分けられる。単純命題は「原子命題」，複合命題は「分子命題」とそれぞれ呼ばれることもある。簡単にいえば単

純命題とは論理演算子（否定詞や接続詞）を含まない命題のことであり，複合命題とは単純命題をもとにして論理演算子を使って作られた命題のことである。たとえば p, q, r, s などは単純命題だが，￢p, ￢q, p⊃q, (p⊃q)∧￢r, ￢((p⊃q)∧￢r) などは複合命題である。複合命題は理論的にはいくらでも長くなりうる。

命題がとる真偽のことを「真理値」truth value と呼び，命題がとる真理値を行と列で書き表したものを「真理表」truth table と呼ぶ。

単純命題の真理表は次のようになる。

p
T
F

問題は複合命題の真理値である。

まず否定記号（￢）のついた命題は次のような真理表になる。

p	￢p
T	F
F	T

ご覧のとおり否定記号は，それが関係する命題の真／偽を反転させる働きをもっている。

【例題6】もし p が「彼は火曜日に家にいる」という命題であるとすれば，￢p（「p でない」と読む）はどんな内容を表すか。

【解】「彼は火曜日に家にいるということはない」，あるいは「彼は火曜日に家にいない」を表す。後の読み方のほうが自然に思われるかもしれないが，上で見た否定記号（￢）の真偽の反転性を考えると前の読み方のほうがむしろ適切である（この点については 1-2-3，1-2-4 で問題にする）。

1-1-8　連言記号（∧）の働き

【例題7】次の発言（命題）はどのような場合に真（本当）であり，どのような場合に偽（嘘）であるか。
(1) わたしは火曜日も金曜日も家にいる（＝「わたしは火曜日も家にいるし，また金曜日も家にいる」）。
【解】この発言が真（本当）になるのはわたしが両方の日（火曜日と金曜日）に家にいる場合のみで，どちらか1日しか家にいなくても，また両方の日に家にいなくても偽（嘘）になる。

連言記号（∧）は接続詞「そして，かつ，ならびに」に対応している。(1)を記号化すれば $p \wedge q$（「p かつ q」と読む）と表わせる。連言記号（∧）で結ばれた複合命題（$p \wedge q$）の真理表は次のようになる。

p	q	$p \wedge q$
T	T	T
T	F	F
F	T	F
F	F	F

連言記号で結ばれた命題（連言文）は各単純命題（連言肢）がともに真である場合にのみ真，その他の場合は偽となる。

1-1-9　選言記号（∨）の働き

【例題8】次の発言（選言命題）はどのような場合に真（本当）であり，どのような場合に偽（嘘）であるか。ケースに分けて調べよ。
(2) わたしは火曜日か金曜日にお宅にうかがいます。
【解】ケースに分けて真偽を確かめると，

（１）　火曜日に行ったが，金曜日に行かなかった。（真）
　　（２）　火曜日に行かなかったが，金曜日に行った。（真）
　　（３）　火曜日も金曜日も行かなかった。（偽）
　　（４）　火曜日も金曜日も行った。（？）
　（４）のケースは意見が分かれるだろう。どちらも可能であり，ケースバイケースだ。たとえば嫌な客だったら偽，恋人だったら真だろうか。

　選言記号（∨）で結合された複合命題（p∨q）の真理表は次のようになる。

p	q	p∨q
T	T	T
T	F	T
F	T	T
F	F	F

　選言記号で結ばれた命題（選言文）はその単純命題（選言肢）がともに偽でない限りは真となる。換言すれば少なくともどちらか一方が真ならば真ということで，両方とも真でも差し支えない。つまり上の，少なくともどちらか一方という条件は最低条件を意味している。

　恐らく読者のなかには真理表の一行目に疑問をもたれた方もあるにちがいない。p∨q（「pかまたはq」と読む）に当たる日常表現(2)と食い違いが見られるからだ。論理学（真理表）では最低条件のみを規定するだけで，両方真でも真と認める。この解釈の違いは論理学と一般常識にずれが見られるケースの１つに当たる（この問題については1-2-2で取り上げる）。

1-1-10　条件記号（⊃）の働き

【例題9】次の発言（条件文）はどのような場合に真（本当）であり，どのような場合に偽（嘘）であるか。ケースに分けて調べよ。

(3) 犯行現場にAの指紋が残されていれば，Aが犯人だ。

【解】ケースに分けて見ていこう。

（1）犯行現場にAの指紋が残されていて（前件＝真），犯人が実際にAであれば（後件＝真），(3)は真実を述べたことになる（真だ）。

（2）犯行現場にAの指紋が残されていたのに（前件＝真），犯人がAでなかった場合は（後件＝偽），(3)は間違いで，嘘を言ったことになる（偽だ）。

（3）犯行現場にAの指紋が残されていなくて（前件＝偽），Aが犯人ではなかった場合（後件＝偽）は(3)は間違ったことを言っていないわけであるから嘘をついたことにはならない（真だ）。

問題は次のケースだ。

（4）犯行現場にAの指紋が残されていなくて（前件＝偽），犯人がAであった場合（後件＝真），(3)をどう判定したらよいのだろうか。

恐らく意見が分かれるにちがいない。指紋がなかったのに犯人がAだったのだから(3)は前件と後件に食い違いがあるからおかしい，嘘をついたことになると主張する人があるだろう。むしろこちらの解釈のほうが常識には一致するかもしれない。

もう少し別の例を調べてみよう。
たとえば父親が小学生の子供に次のように言ったとする。

今度のテストにいい点数をとったら，ディズニーランドに連れていってやるぞ。

　問題のケースだけを考えることにする。子供の点数がよくなかったのに，いい点数は取れなかったけれども，よく頑張ったからと父親が子供をディズニーランドに連れていった場合である。この父親は子供に嘘をついたことになるのか。この場合父親は子供をわざわざ連れていく必要はなかった。父親の行為はおまけであり，余分な「善意の」行為である。たぶんこの父親を嘘つきと難ずる人はいないだろう。

　見られるように，日常の条件文は前件＝偽，後件＝真の場合はケースバイケースで，その解釈には揺れが見られるようだ。

　条件記号（⊃）で結合された複合命題（p⊃q）の真理表。

p	q	p⊃q
T	T	T
T	F	F
F	T	T
F	F	T

　上の真理表から分かることは，条件記号で結ばれた命題（条件文）は（ａ）前件が真，（ｂ）後件が偽でない限りは真だということだ。

　日常語とのずれというだけでなく条件文は他にもいろいろと問題を抱えているので先に行って細説するが（1-2-5），とりあえずは問題含みを承知の上で条件記号（⊃）を日常語の「ならば」と解しておくことにしよう。

　以上，真理表を手がかりに主な論理演算子（￢，∧，∨，⊃）を説明した。真理表に依拠した説明を煩わしく感じられた方が多いかもしれないが，真理表は非常に大切だ。真理表を作ればどんな複雑で長い複合命題の真理値も手軽に調べることができる。命題が長い場合は確かに大変であるが，手間ひまかければ必ず真偽を機械的に突き止めることができる。これは決定的な重要性をもつ（コンピュータなら間違いなく処理できるという

【例題10】次は「後件否定規則」（p⊃q, ¬q ∴¬p）に対応する論理式である。真理表を作り，結果が常に真になることを確認せよ。

((p⊃q)∧¬q)⊃¬p

【解】

		1	2	3	4	5	6	7
		p	q	((p⊃q)	∧	¬q)	⊃	¬p
		T	T	T	F	F	T	F
		T	F	F	F	T	T	F
		F	T	T	F	F	T	T
		F	F	T	T	T	T	T

この論理式全体の真理値を表す6列目に注目してほしい。すべてTになっている，つまりこの論理式は常に真である。ということはこれに対応する後件否定規則は妥当な推論であるということを示している。

ここで上の真理表について簡単に説明しておく。

真理表の行数は 2^n の公式で示される。指数nは単純命題の数を表す。ここではpとqの2項が問題になっているので真理表は $2^2=4$ 行になる。TとFの配置はどうでもいいようなものだが，2項の場合は見やすさを考えて上のように左から［TTFF］［TFTF］と書く。3項の場合はいちばん左の列を［TTTTFFFF］とすればよい。

3列目はすでに紹介した条件文の真理値だ。

4列目は (p⊃q)∧¬q の真理値を示している。該当する命題の真理値は主要論理演算子（今の場合は∧）の下に書く。4列目は3列目［(p⊃q)］と5列目［¬q］の連言であるから両者がTのとき，即ち4行目の

みTで他はFになる。

5列目は¬qの真理値。2列目のqの真理値と反対になる。

6列目は((p⊃q)∧¬q) ⊃ ¬p，つまりこの論理式全体の真理値を表わしている（影をつけた⊃がこの論理式全体の主要論理演算子）。6列目は4列目と7列目の条件文の真理値なので，4列目を前件，7列目を後件と見なして真理値を決めればよい。4行目と7行目の真理値を見るとT―Fの組合せはないのですべて真になる。

7列目は¬pの真理値。1行目のpの真理値の反対になる。

ご覧のとおり，真理表を作成するのは非常に機械的な作業である。

【練習問題7】

[1] 上の例題に倣って論理式((p⊃q)∧q)⊃pの真理表を作って，【練習問題2】の[4]に出てきた「後件肯定」推理（p⊃q, q ∴ p）が妥当でないことを確認せよ。

[2] (p∨q)∧¬rの真理表を作れ。

【解】[1]

p	q	((p⊃q)	∧	q)	⊃	p
T	T	T	T	T	T	T
T	F	F	F	F	T	T
F	T	T	T	T	F	F
F	F	T	F	F	T	F

影をつけた列にFがあるので，この論理式に対応する推理は真になったり偽になったりする，妥当でない推理だということが分かる。

[2]

p	q	r	(p∨q)	∧	¬r
T	T	T	T	F	F
T	T	F	T	T	T
T	F	T	T	F	F
T	F	F	T	T	T
F	T	T	T	F	F
F	T	F	T	T	T
F	F	T	F	F	F
F	F	F	F	F	T

1-2　論理学と日常言語の落差

1-2-1　連言記号と「そして」

　1-1-9で先送りにしておいた問題点を解決することにしよう。
　まず連言文の真理値は常識とほぼ一致するといったが，それはあくまでも連言記号（∧）を「そして」とか「かつ」と読んだ（解釈した）時だ。しかし意外にも，∧は日常語のほかの接続語，「しかし」や「…であるけれども」「にもかかわらず」「さらに（その上）」「その後で」（時間の前後関係）「それ故に」（因果関係）などにも対応しているのだ。これは一体どういうことなのか。ある意味ではこの問題は論理学と日常語の本質的な性格の違いをよく表わしている。

【例題 11】次の文のニュアンスの違いを説明せよ。
(1) 彼女はきれいなのに優しい。
(2) 彼女は優しいのにきれいだ。

【解】ニュアンスを度外視すれば(1)と(2)では2つの言明が同列に肯定されている。図示すれば次のようになるだろう。

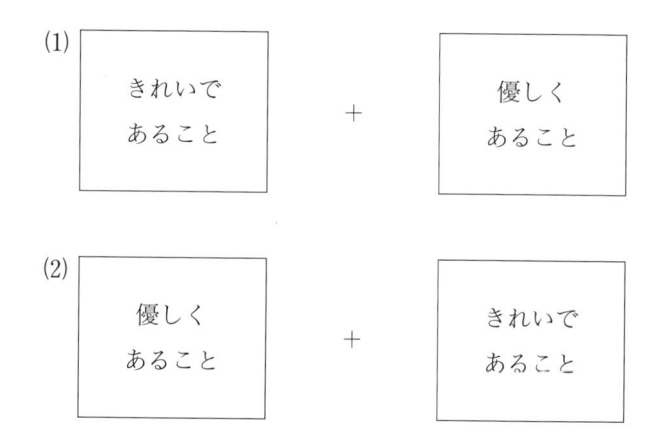

(1) | きれいで あること | + | 優しく あること |

(2) | 優しく あること | + | きれいで あること |

しかし日常語では接続語のなかに発言者の「含意」が流露されることがある。

では，まず(1)はどのような含意が込められているのだろうか。そのいきさつは恐らく次のように図示できるのだろう。

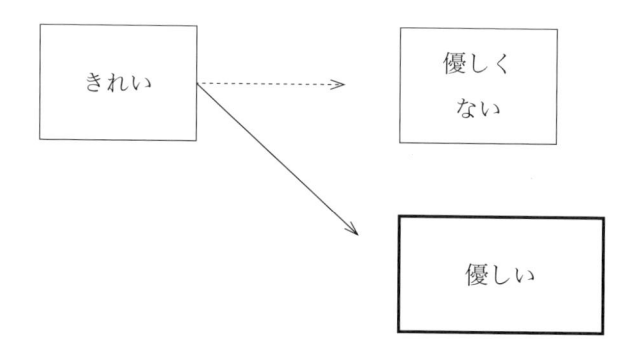

| きれい | ---> | 優しく ない |
                    | 優しい |

(1)の発言者は「きれい」と発話したときその先には「優しくない」という命題を想定している。発言者のなかでは「きれい」と「優しくない」はいわばワンセットになっており，複合命題を形づくっている。その自然の流れを断ち切る形で（きれいだ，しかし…）話の流れを切り替えている。(1)の発言者は2つの命題に格差をつけており，彼の本当に言いたいのは「彼女が優しい」という事実なのだ。
　(2)には「優しい人はきれいでない」という観念が前提されている。(2)は「彼女はきれいだ」ということを強調しているのだ。つまり(1)と(2)はまったく異なる主張をしているわけである。

　ご覧のとおり，日常語では語や文の順序は重要な役割を演じるが，論理学（数学）では必ずしもそうではない。「交換律」と「結合律」という規則があって順序を変えてもよい場合があるのだ。たとえば，初等数学の次のようなケースを想い浮かべてくれればいいだろう。

［交換律］　$1+3=3+1$
　　　　　　$4\times 7=7\times 4$
［結合律］　$2+(3+5)=(2+3)+5$
　　　　　　$4\times (8\times 7)=(4\times 8)\times 7$

　ところで，(1)と(2)を記号化してみよう。「彼女はきれいである」をp，「彼女は優しい」をqで表わせば2つの文は（p∧q）と（q∧p）で表現することができる。この両者は交換律により同値である。ご覧のとおり論理学では元の日常語がもっていた微妙なニュアンスはばっさりと切り捨てられてしまう。「きれいであること」と「優しくあること」は内容的な関連性は抜きにして同じ比重をもつものとして結合されるわけだ。この記号列が関心を寄せているのはもっぱら2つの命題が共に「真であること」だけなのだ。言い換えれば「彼女はきれいであって優しくない」とか「彼女はきれいでなくて優しい」とか，そういうことはないと言っているの

だ。彼女が「きれいであること」「優しくあること」に対する発言者の思惑やスタンスは論理学にとってはどうでもよいことなのだ。

「逆接」の場合は語順（命題の順序）が重要なファクターになるけれども順接の場合は「きれいで優しい」を「優しくてきれい」と言い換えてもニュアンスの変化はそれほど見られない。しかしながら順接の場合でも語順が決定的な役割を果たすことがある。その「順接」が時間関係や因果関係を含意しているケースである。

【例題12】次のペアの文についてニュアンスの違いを説明せよ。
(1) 彼らは結婚した，そして子供ができた。
(2) 彼らは子供ができた，そして結婚した。
(3) 彼は勉強しなかった，そして試験に落ちた。
(4) 彼は試験に落ちた，そして勉強しなかった。
【解】
　(1)は時間の前後関係，(2)は理由—帰結（いわゆる「できちゃった婚」）を表している。
　(3)と(4)はいずれも因果関係を表しているが，(3)は「勉強しなかったせいで試験に落ちた」（自業自得），(4)は「試験の失敗のショックのせいで勉強するどころではなかった」ことを表している。

以上のような現象は要するに，日常語では連続する文（命題）の内容的＝意味的なつながり（関連性）が重要な役目を果たすということを示している。だからこそ，その関係性を明示するためにさまざまな接続語（そして／しかし／…だけれども／そのうえ／ただし／なぜならば，など）が使い分けられるということにもなるわけだろう。

それにひきかえ論理学では各命題の真偽だけが問題で，その内容は不問に付す。連言文は連言肢がともに真であるとき真であり，それ以外は偽であるということ，ただそれだけを主張している。従って常識を逆なです

る，次のような奇妙な命題も真と判定されることになる。

　クジラは哺乳類である，そして1+4は5である。
　日曜日の翌日は月曜日である，そしてツバキと茶は同じつばき科に属する植物である。

　連言記号（∧）の働きを検討する作業を通して日常語の「連言記号」（順接や逆接，補足説明，理由・原因提示など）の存在理由があぶり出されてくるように思われる。

【練習問題8】次のジョークを読んであとの設問に答えよ。
《2人の修道士が修道院長に，祈禱書を読んでいるとき煙草を吸ってもいいかどうか，許可を求めた。
　A修道士は「祈禱書を読みながら煙草を吸ってもいいですか」と尋ねた。
　B修道士は「煙草をのんでいる時でも，祈禱書を読んでいいですか」と尋ねた。しかしながら2人のうちの1人だけしか許可がおりなかった。》
　首尾よく許可を得たのはA修道士だろうか，B修道士だろうか。その理由としてどんなことが挙げられるだろうか。
【解】許可を得たのはB修道士である。院長はA修道士に対しては「祈禱している時に他のことに気を散らすべきではない」と言って許可しなかったのだろう。B修道士に対しては「いついかなる時でも神への祈りのことを考えるのはよいことだ」と言って許可したのだろう。

【練習問題9】次の(A)(B)の例文を読んで[　　]に適当と思われる接続語を入れよ。
(A)《近頃はよく一億総評論家時代などといわれますが，ひとりひとりの人がいろいろの事柄について自分の意見を持つようになったということは

たしかにすばらしいことです。[　1　]われわれは自分の意見を持つに際して、ほんとうに批判的な態度で自分で考えているでしょうか。[　2　]われわれは無反省にすでに誰かによって主張されている意見を取り入れて、それを自分の意見にしてしまうことが多いのではないでしょうか。冷静に論理的に自分でじっくり考えるのでなく、感情的にムード的にすぐ何らかの意見に同調してしまいがちなのではないでしょうか。現代の世相を見ていると、私にはどうもそういう傾向が一般にきわめて強いのではないかと思われてなりません。》（岩崎武雄『正しく考えるために』）

(B)《現代のわれわれはたしかに物知りです。いろいろのことがらについて「知らされ」ています。知識の量からいえば、現代人はおそらく過去のいかなる時代のひとびとよりも多くのものを持っているといえましょう。

　このようにわれわれが多くのことを「知って」いるならば、一見すると、現代われわれは最もよく「考える」こともできるように思われるかもしれません。[　1　]「知る」ことと「考える」こととは決して同じではありません。[　2　]多くの正しい知識を持つということは正しく考え、正しい判断を下すために有利なことであることはいうまでもありません。誤った知識を基礎にして打ちたてられた判断は当然誤っているからです。[　3　]多くの知識を持っていたからといって、そこからただちに、正しく考えることができるようになるということは導かれてきません。[　4　]われわれは多くのことを知ることができるということによって、かえって考えることを忘れてしまうという危険もあるといわねばなりません。[　5　]、われわれは知ることがあまりに多いため、知ろうとする努力に追いまくられて、深く考えないという習慣に陥ってしまうおそれもあるからです。》（同上）

【解】(A)：[1] しかし　[2] むしろ　(B)：[1] しかし　[2] もとより　[3] しかし　[4] むしろ　[5] なぜなら

1-2-2　選言記号と「または」

1-1-9 での問題はこういうことだった。選言文で選言肢の両方が真のとき命題の真理値が真となるのはおかしいのではないか。日常語の理解と食い違うところがある，と。

だが，まず初めに確認しておきたいのは条件文の場合と同様にここでも日常語には揺れが見られるということだ。

【例題 13】次の 2 つの事例について問題のケース（真∧真）の日常的解釈を示せ。合わせて解釈の揺れはなんに由来するのか述べよ。

［事例 1 ］ある男性が恋人に次のように約束したとする。

　「きみの誕生日にはネックレスか指輪をプレゼントするよ。」

　そしてネックレスも指輪も買ってやった。

［事例 2 ］学年はじめに教授が学生たちに次のように約束したとする。

　「この講義の成績は学年末の試験かレポートの成績で決めるから今からそのつもりでいるように。」

　そして学年末になって教授が試験を課して，さらにその上レポートの提出を求めた。

【解】事例 1 の男性は嘘をついたことにならない（真）。片方でよかったのに両方を買ってやったわけであるから男性の行為はおまけであり，好意から（愛情から）出ている。私たちはこれに似たケースをすでに見たはずだ。「今度のテストにいい点数をとったら，ディズニーランドに連れていってやるぞ」と言った父親が悪い点数だったのに子供をディズニーランドに連れて行った例である。あの時もそうだったが，今度も約束を違えた（嘘を言った）ということは出来ないだろう。相手にとっては望外のことであり有利に働いているのだから。

どうやら論理学と日常語のずれは当事者の思惑（利害・得失）を切り捨てるか取り込むかにかかっているようだ。当事者にとって不利に働く事例に当たればそのことがよく納得されるはずだ。それが事例 2

の場合だ。学生たちは教師が約束を破った（嘘をついた）とぶーぶー不平を言うだろう。その教授の処置は学生たちにとって明らかに不利に働くからだ。

　日常的言語行為では感情的＝意志的要因が深く関与していることが条件文や上の選言文のケースで浮き彫りにされる。言語行為とはあまりにも人間的な行為であることが論理語との対比であざやかに示される。日常語において真偽の判定に揺れがあるのはそこに利害得失などの人間的ファクターが絡んでくるからだ。いっぽう論理学でははっきり偽でなければ真と見なすという「寛大の原理」が貫かれていると言えるだろう。

　ちなみに選言文の真理表の第一行（選言肢がいずれも真の場合）を真とする選言のことを「両立的選言」といい、それを偽とする選言を「排他的選言」と呼ぶ。すでに見てきたとおり日常語ではいずれをとるかはケースバイケースであるが（ほぼ半々か），論理学では排他的選言を問題にすることはほとんどない。以下においても選言といったら両立的選言と心得ていただきたい。

【練習問題 10】次の選言は両立的だろうか，排他的だろうか。

[1]　フランス料理の最後で店員から「チーズにしますかデザートにしますか」ときかれた。

[2]　社会人特別入試の受験資格に「2 年間の就業経験のある者，もしくは 25 歳以上の者」とあった。

[3]　独裁政府に抗して戦う革命家が「自由か，しからずんば死か」と叫んだ。

[4]　国籍法第二条（出生による国籍の取得）の 1 によれば子は「出生の時に父又は母が日本国民であるとき」に「日本国民とする」と明記されている。

【解】[1] 排他的選言（両方は不可）　[2] 両立的選言（2年間の就業経験があって25歳以上のものでも受験可）　[3] 排他的選言（本音はいざ知らず建前上は）　[4] 両立的選言（父母が共に日本国民でも差し支えない）

1-2-3　否定の注意すべき用法――「部分」否定

【例題14】次の否定詞「ない」はどういう働きをしているのか。なにを否定しているのか。
　フランス語は世界で一番美しい言語ではない。
【解】この「ない」はフランス語が「美しい言語である」という事実を否定しているわけではない。その事実は認めている（含意している）。では否定の矛先はどこに向かっているのか。「一番」にである。つまり，フランス語は美しいことは美しいけれども，その美しさが「一番とは言えない」と主張しているのだ。

　ここまで私たちは否定記号は日常語の「ない」にほぼ相当すると説明してきたが，実はこの説明は正しくない。例題に見られるように，日常語の「ない」は必ずしも命題（文）の真理値を反転させるように働いているとは限らないからだ。ここでもまた論理語と日常語に齟齬が見られる。この両者における否定の違いを見とどけるには，否定記号（￢）および否定詞（…でない）の支配域をしっかりと押さえることが先決だ。
　一般的にいえばある名辞X（語，語句）の否定は非Xの肯定（措定）である。別言すれば名辞Xの除外である。
　私が昨日買った花はバラではない。
　この文は問題の花が「非-バラである」ことを主張している。つまりその花が「バラ以外の花たち」であることを措定（含意）している。そして

「バラ以外の花たち」としてはたとえばユリだとかシクラメンだとかカトレアだとかいろいろな花が可能性として考えられる。

　見られるとおり，ある名辞の否定は実のところ否定ではないのだ。一部分（バラの集合）の否定（部分否定）であり，残余の部分（非-バラの集合）の肯定（含意）である。

「その花はバラではない。」

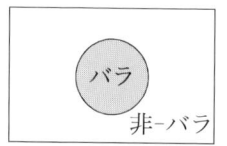

*四角形は花の集合，円形はバラの集合を表す。アミかけした部分はメンバーが存在しないことを示している。

「すべてが…であるというわけではない」という表現について文法書は部分否定という術語を用いるが，「全称文」（すべては…である）を待つまでもなく普通文の名辞否定がすでにして「部分」否定であることに注意すべきだろう。「程度」（副詞）の否定が関係している時にはこの種の「部分」否定が問題化する。

　名辞（名詞，形容詞）の否定であれ，「程度」（副詞）の否定であれ，否定には肯定的側面が潜在していることが知れるだろう。これを要するに，文の一部だけが否定されるときは「部分」否定の可能性が常にあるということ，日常語の否定詞はその否定の支配域がどこに及んでいるかを慎重に見きわめる必要があるということである。

【練習問題11】次の文のニュアンスを説明せよ。
[1]「彼女はそこに（は）行かない。」
[2]「わたしはアルコールがとても好きで（は）ない。」
【解】[1]は普通の否定のケース——「そこに行かない」——と「部分」否定のケース——そこには行かないけれどもほかの場所には行く——を表わ

しうる。[2] は「アルコールがひどく嫌いだ」と,「アルコールは好きだ」けれども,「とても」というわけではないということを表わしている。「は」を入れれば「部分」否定の指標になるかもしれない。

1-2-4　強い否定と弱い否定

　日常語の否定詞でもう1つ注意しなければならないケースがある。対になっている概念,つまり「対概念」の否定表現だ。

>【例題15】「彼はわたしを愛していない」という前提から「彼はわたしを嫌いである」と結論できるか。
>【解】結論することは出来ない。確かに「彼はわたしを愛している」と「彼はわたしを嫌いである」は一方が成立すれば(＝真であれば),他方は成立しない(＝偽である)。しかしながら両方とも成立しない(＝偽である)場合がある。つまり彼が「わたしを愛していない」し,「わたしを嫌いでない」——好きでも嫌いでもない——ということはありうる。

　ご覧のとおり,対概念を否定するとき全面的な否定にならない場合があることに留意しなければならない。

　まず次の文から考えよう。

　　このレストランは高い。

　これを否定文に書き換えると次のようになる。

　　このレストランは高くない。

高い	高くない	安くない	安い

　この否定文は問題のレストランが「安い」ことを述べていることは当然のことだが，別の事実も意味（含意）している。つまり「高くもないし，安くもないこと」も述べている。この経緯を図示すれば上のようになる。

　「高くない，安くない」（高くもなく，安くもなく，まあまあだ）の部分は色でいえば灰色に当たるだろうか。「安い―高い」のような対概念を伝統的論理学では「反対」関係（反対対当）にあるという。「反対」関係にある2つの概念はともに真であることはないが，共に偽であることはありうる。今の例でいえば「高い」と「安い」は共に真であることはないが，「高い」の偽（高くない）と「安い」の偽（安くない）は両立可能である（ちなみに伝統的論理学では「高くない」と「安くない」の関係を「小反対」と呼んでいる。小反対は共に真でありうるが，共に偽ではありえない関係）。要するに中間（高くない＋安くない）を許容する対概念が「反対」関係である。「反対」関係の否定を「弱い否定」あるいは「両立的否定」と呼ぶことにしよう。

　しかし対概念のなかには中間を許さないタイプもある。「表／裏」「左／右」「前／後」「プラス／マイナス」「偶数／奇数」など。前にあげた「ストライク／ボール」「セーフ／アウト」の判定や論理学的な意味での「真／偽」も当然このタイプに属する。この種の対概念はその一方を否定すれば，それは全面的な否定になる。

　こうした中間を許容しない対概念を伝統的論理学では「矛盾」関係（矛盾対当）にあるという。「矛盾」関係で見られる否定のありようを「強い否定」あるいは「排他的否定」と呼ぶことにしよう。

彼は左利きである。
彼は左利きでない。
彼は右利きである。

上の関係を図示すれば次のようになる。

彼は左利きである	彼は右利きである

　ここまで見てきたのは名辞を否定する否定詞の使い方であった。だが否定詞にはこれとは別の用法がある。文（命題）全体を否定する場合だ。試みにここまで取り上げた問題的例文をすべてこの形式の否定表現に書き換えてみよう。

　フランス語が世界で一番美しい言語だというわけ／ことではない。
　彼女がそこに行くというわけ／ことではない。
　わたしはアルコールがとても好きだというわけ／ことではない。
　彼はわたしを愛していないというわけ／ことではない。
　このレストランが高いというわけ／ことではない。

この形式の否定表現は元の肯定文とすべて矛盾関係になっていることに注意しよう。日常語の否定表現で曖昧性を残していた文もこの形式にすればすべて「排他的否定」になってしまう。実にすっきりしている。もうお分かりいただけたと思うが，この行き方が否定記号（¬）のそれである。論理学はここでも曖昧性を排除するスタンスをとる。
　最後にこの項で検討したことを図にまとめておこう（この図は「対当─四角形」と呼ばれる）。

「このレストランは高い」　　　　　　　「このレストランは安い」

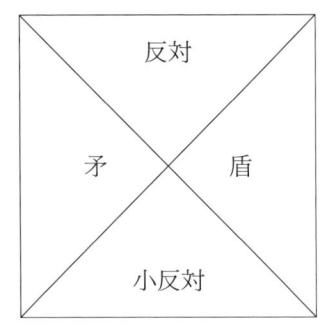

```
          反対
        矛   盾
         小反対
```

「このレストランは安くない」　　　　「このレストランは高くない」

【練習問題12】元の命題がカッコ内の真理値をもつとき，⇒のあとに来る命題の真偽がどうなるか判定せよ（真偽不定もある）。

[1]　ソクラテスは哲学者である（真）。⇒ソクラテスは哲学者でない。
[2]　彼女は美しくない（偽）。⇒彼女は醜くない。
[3]　砂糖は甘くない（偽）。⇒砂糖は甘い。
[4]　フランス語は難しくない（真）。⇒フランス語はやさしい。

【解】[1]偽。「ソクラテスは哲学者であり，かつ哲学者でない」は矛盾した文（命題）である。

　[2]真。「美しくない」と「醜くない」は小反対であるから共に偽ということはない（下図参照）。

彼女は美しい　T　　　　　　　　　F　彼女は醜い

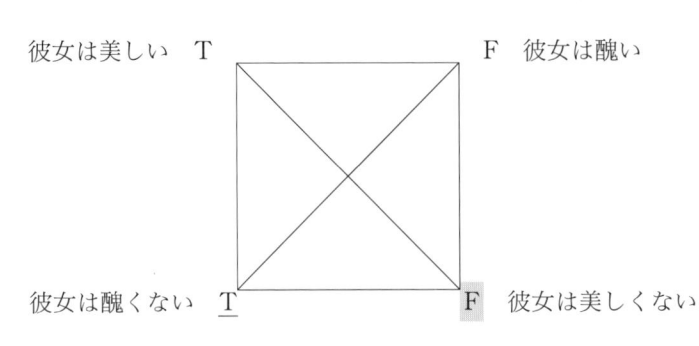

彼女は醜くない　T　　　　　　　　F　彼女は美しくない

[3]真。「砂糖は甘く，かつ甘くない」は矛盾。

[4]真偽は不定。フランス語は「やさしい」とも「やさしくない」とも言いうる（下図参照）。

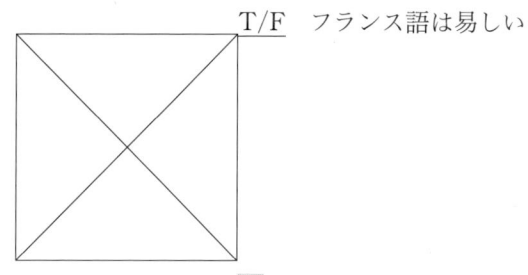

フランス語は難しい　F　　　　　　　　T/F　フランス語は易しい

フランス語は易しくない　T/F　　　　　T　フランス語は難しくない

1-2-5　条件記号のパラドックス

　条件記号（⊃）は日常語の「ならば」に相当すると 1-1-10 で説明しておいた。これもまた不十分な説明であった。しかし実をいうと，行き届いた説明をするのはかなりしんどい。というのもほかの論理演算子の場合よりも日常語とのずれがはなはだしいからだ。それにまた，そもそも条件記号に固有の問題点もある。

　まずは真理表をじっくり眺めることから始めよう。

p	q	p⊃q
T	T	T
T	F	F
F	T	T
F	F	T

日常語の例を引きながら 3 行目が妙だということはすでに指摘した。しかしながら実をいえば，妙なのは 3 行目ばかりではない。あの時はおとなしい例を心がけたので条件記号のある側面が隠されてしまう結果になった。別のケースを考えることにしよう。

> 【例題 16】次の条件文の真偽を判定せよ。
> (1)　1＋5 が 6 ならば，太陽は東から昇る。
> (2)　男性が子供を産むならば，月は地球よりも大きい。
> 【解】(1)は真（前件＝真，後件＝真だから真理表の 1 行目に当たる）。
> (2)も真（前件は偽，後件も偽，つまり真理表の 4 行目に当たる）。

　例題の【解】に戸惑った読者も多いだろう。おそらく，この判定には 3 行目の場合よりも強い抵抗があるにちがいない。しかし論理学的（＝真理表的）には確かにそうなるのだ。ただ，勘のよい読者はこれに似たケースにすでに出会ったことを想い出されるはずだ。そう，関連性のない命題を連言記号（∧）で結合したケースだ。改めてその文例を写しておこう。

　クジラは哺乳類である，そ́し́て́ 1＋4 は 5 である。
　日曜日の翌日は月曜日である，そ́し́て́ツバキと茶は同じツバキ科に属する植物である。

　連言記号は各命題がすべて真であることを要求するが，この 2 文はその条件をちゃんと満たしているのでそれぞれ真である。日常語では結合された文（複合命題）に真理値とは別に内容的関連性を求めるのでこのような文に非常な違和感を覚えてしまう。事情はまったく同じだ。条件記号（⊃）も日常語の「ならば」と重ねて理解しようとすると，連言記号の場合と同様なとまどいを感じることになるだろう。
　「偽なる前件」あるいは「真なる後件」は条件文を無差別に真とする——この真理表の規定に起因する，条件記号（⊃）と日常語（「ならば」）

のずれ・食い違いは「実質的含意のパラドックス」と呼び慣わされている。

　条件記号の真理表は前件と後件の関連性はまったく考慮の外だ。従って論理学では次の条件文は真である。

　彼が死んでいるならば，彼は生きている。[ただし，彼は生きているものと仮定する＝真なる後件]

　彼が生きているならば，彼は死んでいる。[ただし，彼は死んでいるものと仮定する＝偽なる前件]

　なぜなら前件が偽であり，後件が真であるからこの2つの条件文は全体として真になるからだ。あるいは次のような条件文もとうぜん真になる。

　もし2＋2が10ならば，雪は黒い。
　もし2＋2が10ならば，雪は白い。

白を黒と言いくるめるような例文であるが，まさしく古人も言うとおり「偽カラハナンデモ」であり「真ハナニカラデモ」である。

　見てのとおり，関連性をいっさい無視する条件記号⊃は時に日常語の「ならば」と大きなへだたりを見せることがある。しかしながらそうした不都合に敢えて目をつむっても，条件記号の真理表を受け容れることになるのはなぜだろうか。条件記号のメリットとは一体なんなのだろうか。

　ここで考えなければならないことは，前件が偽であるか，後件が真であるか（￢p∨q）という真理条件のもつ意味である。この真理条件は「偽から真」（偽は真を含意する）はありえても——常識を逆なでする例を上で見たばかりだが——「真から偽」（真は偽を含意する）は絶対にありえないということを主張している。条件記号の核心的意味は「真から偽は導かれない」「真から偽は生じない」ということだ。この事実は条件文の真理表（2行目）の読みからも裏づけられるだろう。第2行目は前件＝真，後件＝偽（p∧￢q）を成立しない，つまり偽（￢(p∧￢q)）と規定して

いる。言い換えれば前件が真で、後件が偽というケースは絶対にありえないと主張しているわけである。

　日常語の「ならば」はさまざまな「関係性」を表現している。変幻自在な「ならば」を、真偽一点張りで押し通す条件記号に封じ込めようとしても、それはどだい無理な話というものだろう。「ならば」のある側面は切り捨てなければならない。してみれば、これまで見てきたように条件記号を「ならば」と読み替えると当惑せざるをえないような奇妙な例に遭遇してもちっとも驚くには当たらない。むしろ当然すぎる結果だと考えるべきだろう。ただ、その一方で条件記号は「ならば」の本質的役割をしっかりと取り込んでいることも事実だ。というよりか、ただそれだけを目的にしていると言い直したほうがよいかもしれない。

　それでは「ならば」の働きのなかの何を条件記号の真理表は反映しようとしたのだろうか。推論において「ならば」が果たす「論理的推移性」だ。具体的にいえば前件肯定規則、後件否定規則などの基本的な推理形式は可能にし、【練習問題2】［4］（8ページ）や【練習問題3】［2］（11ページ）に出てきたような誤謬推理は許さないようにすることだ。条件記号は前件から後件への「推移」を表さなければならない。いわば前件は後件への「踏み台」である。条件記号は日常語の「ならば」のもつ多面性（多義性）を「推移性」の一点に絞り込んでいるわけである。だからこそ条件記号は「ならば」といろいろな食い違いを露呈しつつも推論の中にはめ込まれると無難にその役目を果たすことになる。多少のぎこちなさや欠陥には目をつぶるべきだろう。その見返りは限りなく大きいのだから（実際問題としては命題間の関連性に注意を払えば「実質的含意のパラドックス」はほとんどの場合回避することができる）。

【練習問題13】次の「ならば」は前件と後件のあいだにどんな関係性を設定しているか。

[1]　自動販売機にコインを入れれば缶ジュースが出てくる。
[2]　いい大学に入りたいならば，一生懸命に勉強しなければならない。
[3]　人のものを盗めば罰せられる。
【解】[1] 原因―結果　[2] 手段―目的　[3] 理由―帰結

【練習問題 14】「サングラスを着用の方は入店をお断りします」（＝サングラスを着用しているならば，入店をお断りします）という注意書きの張り出された高級レストランで，サングラスをかけていない男が服装が見苦しいからという理由で入店を拒否された。彼は店の対応はおかしいと抗議した。店の対応は論理的にはどう評価すべきか。
【解】論理的には正しい。注意書きは「客がサングラスをかけている」ケースを規定しているけれども，「サングラスをかけていない」ケースについてはなにも言っていない。その時は「入店させなくても」「入店させても」店は嘘をついたことにはならない（条件文の真理表の3行目と4行目を想起せよ）。

【練習問題 15】次の条件文を評価し，発言者の真意を推定せよ。
[1]　名古屋が日本の首都ならば，彼はY大に合格するだろう。
[2]　彼がY大に合格したら，逆立ちで東京を一周してみせる。
【解】[1] は前件が偽であるから後件になにが来てもこの条件文は真になる。Y大合格が確実視されている場合はこの条件文はトートロジーに近い無意味な発言となるだろう。従って [1] は合格はありえないことを遠回しにほのめかしている。

[2] 明らかに不可能なことを表わしているので後件は偽と考えざるをえない。してみれば前件がありうること（真）であればこの条件文は偽になってしまう。[2] が真であろうとすれば前件が偽でなければならない。だとすれば [2] は「彼がY大に合格することは絶対にありえない」という想定の下での発言だ。[2] には皮肉やからかいのニュアンスが込められ

ていると考えられる。

1-2-6　妥当な推論にこだわる理由

　「真は偽を含意することはない」——前項で確認した条件記号の特徴はなんの変哲もない事実しか述べていないと思われるかもしれない。しかしこの事実の意味ははなはだ重い。上の確認をもう少しきちんと言い直せば「正しい前提からは間違った結論は出てこない」「妥当な推論は真なる前提から偽の結論を導くことはない」ということだ。

　以前の練習問題のなかに次のような推論があったのを覚えておられるだろうか。

　　　クジラは空を飛ぶ。（偽）
　　　それはクジラである。（真）
　　∴それは空を飛ぶ。（偽）

これは前件肯定規則に基づく妥当な推論である。この推論を前にしたとき偽なる前提——2つの前提は偽と真（連言）なので全体では偽になる——に基づく「おかしな」推論をなぜよしとするのか疑問をもたれた読者も多かったにちがいない。その理由は前提の真偽に関わらず形式的妥当性を守りさえすれば「偽から偽」「偽から真」の推論はありえても絶対に「真から偽」の推論はありえないからである。

　まだ腑に落ちないかもしれない。別の例で考えてみよう。

【例題17】(1)の推論は形式的にも内容的にも正しい推論である。では(2)と(3)の推論はどうだろうか。内容と形式の両面から評価せよ。また，この3つの推論の比較を通じてどんなことが言えるだろうか。
(1)　すべての人間は死すべき存在である。（真）
　　　すべてのギリシア人は人間である。（真）

∴すべてのギリシア人は死すべき存在である。（真）
(2) すべての猫はフランス語を理解する。
　　すべての鶏は猫である。
∴すべての鶏はフランス語を理解する。
(3) すべてのヘビは哺乳類である。
　　すべてのライオンはヘビである。
∴すべてのライオンは哺乳類である。

【解】(2)は前提も結論も共に偽。(3)は前提は偽だが結論は真。しかし両者とも形式的には妥当である。「ギリシア人」に「猫」「ヘビ」を，「人間である」に「フランス語を理解する」「哺乳類である」を代入すれば，その形式的妥当性を確認することができるはずだ。

(1)は前提＝真，結論＝真。
(2)は前提＝偽，結論＝偽。
(3)は前提＝偽，結論＝真。

ご覧のとおり，形式的に妥当な推論は「偽から真」という意外性はあるにしても――「瓢簞（ひょうたん）から駒」という諺を想起しよう――「真から偽」は絶対に起こりえないということが確認される。

　では，「真から偽」は出てこないということはどんなメリットがあるのだろうか。思うに，この原則がなければ，私たちは安心して推論できない。真は偽に通じることはないと確信すればこそ，私たちは安心して推論の連鎖をたどることができるのだ。論理学で推論の形式的妥当性にこだわるのはもっぱら「真から偽」という事態を回避したいがためなのだ。

　それに引きかえ，形式的に妥当でない推論の場合は真なる前提から偽の結論に迷い込んでしまう恐れがある。真にたどり着くのか偽にたどり着くのか，はなはだ心許ない。まるで落とし穴の仕掛けられた危険な道を進むようなもので，常に不安がつきまとう。

　たとえば次の推論を考えてみよう

(1) 魚は水中を泳ぐ。(真)
　　クジラは水中を泳ぐ。(真)
　∴クジラは魚である。(偽)

この例のように前提が真で結論が偽である場合は推論形式に問題がある。事実，この推論は妥当でない三段論法である（三段論法の判定法は 1-3-4 参照）。妥当な推論であれば前提が真であれば結論は必ず真となるはずだからだ。

【練習問題 16】前提は正しいものと仮定して次の推論を評価せよ。
　　革命家は社会に不満を持っている。(真)
　　彼は社会に不満を持っている。(真)
　∴彼は革命家である。

【解】結論は正しくない（真でも偽でもありうる）。「彼」は「社会に不満を持っている」ことは確かだが，学生やサラリーマン，失業者，ホームレスかもしれない。前提が真でありながら結論が常に真でないことから推論形式が妥当でないことが分かる（上の(1)とまったく同じタイプの推論だ）。妥当な推論においては「真から偽」は絶対に導かれないのだから。

1-2-7　必要条件と十分条件

条件文についてはまだまだ問題が残されている。それは条件文の「逆」「裏」「対偶」の問題だ。

まず「逆」から見ることにしよう。

ある条件文（$p \supset q$）の「逆」とは元の文（「順」あるいは「正」と呼ぶ）の前件と後件をひっくり返した文（$q \supset p$）のことである。

【例題18】(1)の「逆」である(2)は正しい推論だろうか。
(1) ライオンならば哺乳類である（ライオンは哺乳類である）。
(2) 哺乳類ならばライオンである（哺乳類はライオンである）。
【解】正しい場合もあるが正しくない場合もある（ライオン以外にもトラとか人間も哺乳類である）。「逆は必ずしも真ならず」という警句は正しかったわけである。

「逆」推理は妥当な推理ではない。「逆」推理は普通「後件肯定の誤り」と呼ばれるが、「後件否定規則」と紛らわしいので本書では「逆」推理という呼称も併用する。

今ここで問題にしているのはいわゆる「必要条件」と「十分条件」のことだ。これは分かったようでなかなか腑に落ちない観念だが、しかしこの観念をしっかりと把握しておくことは推論においてきわめて大切なことである。

十分条件とはその条件が満たされれば問題の事態が必ず成立すること、つまりある事態が成立するためにそれだけで「十分な」条件ということである。一方必要条件とはその条件が満たされなければ、問題の事態が成立しないこと、つまりある事態が成立するためにはどうしても「必要な」条件ということである（いずれも真理表1行目が問題になっている）。

一般的に「pならばq」が言えるならば次の関係が成立する。

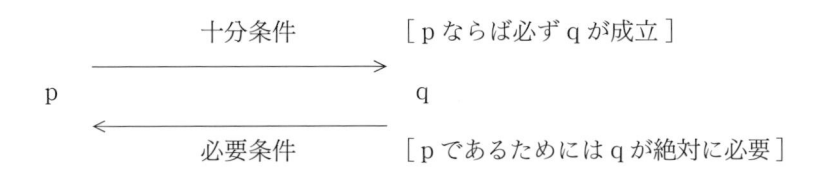

```
            十分条件         ［pならば必ずqが成立］
         ─────────→
   p                    q
         ←─────────
            必要条件         ［pであるためにはqが絶対に必要］
```

(1)の例でいえば「ライオンである」ことは「哺乳類である」ための十分条件であり、「哺乳類である」ことは「ライオンである」ための必要条

件である。従って条件文（p⊃q）が全体として真である（成立する）ためには前件（ライオンであること）が後件（哺乳類であること）に対して十分条件でなければならない。しかしこのばあい前件は後件に対して必要条件ではないので，前件とは関係なく後件が成立することはありうる（たとえばサルのようにライオン以外でも哺乳類でありうる）ことに留意しなければならない（真理表３行目を考えよ）。図示すれば次のようになる（pがqの部分集合になっていることに注意すること）。

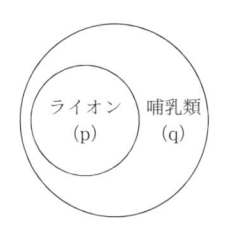

　　　　　　　　　ライオン　哺乳類
　　　　　　　　　　(p)　　　(q)

　要するに，公式風に言えば「前件は十分条件，後件は必要条件を表す」（この「公式」は sun という単語に引っかけて覚えるとよい。s は十分条件 sufficient condition，u は ⊃（向きが違うけれども），n は必要条件 necessary condition という見立てだ）。
　ところで，「p であるためには q が絶対に必要だ」ということは，q が成立しないならば p が必然的に成立しないということだ（「哺乳類でない」ということは即「ライオンでない」ということを意味する）。これを記号化すれば（￢q⊃￢p）となる。してみれば（p⊃q）が言えるときは（￢q⊃￢p）が同時に言えるということだ。この２つの命題は同値である（真理表がまったく同じであることを意味している）。このことを次頁の真理表で確認しておこう。
　p⊃q と￢q⊃￢p のように後件の否定から前件の否定を導出する関係（推論）を「対偶」と呼ぶ。対偶の意味するところは，p が q を含意するとき，条件 q が成立しないならば条件 p が成立しないということである。

p	q	p⊃q	¬q⊃¬p
T	T	T	T
T	F	F	F
F	T	T	T
F	F	T	T

これまで何度か話題になった「後件否定規則」（p⊃q, ¬q ∴¬p）は実をいえばこの「対偶」に基づく推理規則にほかならない。つまり，後件否定規則は「対偶」と前件肯定規則を結合したものである。p⊃qが¬q⊃¬pと同値（p⊃q≡¬q⊃¬p）だとすれば，前件肯定規則によって¬qが言えれば¬pが言えるわけである。後件否定規則は「対偶」推理と呼ぶこともできるだろう。

【練習問題 17】十分条件か必要条件か判定せよ。

[1]　正方形であることは四角形であるための何条件か。
[2]　入学試験を受けることは希望の大学に合格するための何条件か。
[3]　宝くじを買うことは賞金を得るための何条件か。
[4]　飲酒運転することは運転免許証停止処分を受けるための何条件か。
[5]　声がよいことは歌手であるための何条件か。
[6]　摂取カロリーを減らすことは減量するための何条件か。
[7]　雨が降ることは道路が濡れるための何条件か。
[8]　カメラのシャッターを押すことは写真を撮るための何条件か。
[9]　燃えている段ボールに水をかけることは消火のための何条件か。
[10]　鉄の棒を熱することは鉄の棒を膨張させるための何条件か。

【解】[1] 十分条件。正方形であれば必ず四角形。しかし正方形でなくても（たとえば台形でも）四角形は成立する。だから正方形であることは四角形であるためにどうしても必要な条件ではない。

［2］必要条件。受験したからといって合格するとは限らないが（十分条件ではない），受験しなければ絶対に合格しない（不正入学でもしない限りは）。

［3］必要条件。宝くじを買ったからといって当たるとは限らない（十分条件ではない）。

［4］十分条件。飲酒運転すれば免許停止になるが，免停になるのは飲酒運転だけとは限らない。無謀運転でも。

［5］必要条件。「声がよい」人がみんな「歌手」になれるわけではない。いくら声がよくても歌が下手なら歌手にはなれないだろう。だから十分な条件ではない。しかし「声がよいこと」は「歌手である」ために必要な1つの条件ではあるだろう（もっとも声の悪い歌手もいないわけではないが，それも独特な声ということで「よい声」としておこう）。

［6］十分条件。摂取カロリーを減らせば必ず減量できるだろうが，減量するには運動などほかにもいくらでも方法はある（皮下脂肪を手術で取るという凄まじい方法もある）。

［7］十分条件。撒水車が水を撒いても道路は濡れるから。

［8］必要条件。シャッターを押したからといって写真がちゃんと撮れるわけではない。まずフィルムが入っていなければならないし，焦点もあっていなければならないし，十分な明るさも必要であるなど満たさなければならない条件がいろいろとあるから。

［9］十分条件。消火の方法としては水をかけるだけでなく他にも色々ある。たとえば酸素を絶つため大きな布をかぶせてもいい。

［10］十分条件。通常の条件では必要条件でもある（ただし強力な磁場の下でその磁力を取り去っても鉄は膨張するので，厳密にいえば熱することは鉄の膨張の必要条件ではないことになる）。

1-2-8　逆も真なり――双条件文

ところで「逆」が必ず真ということはありうるのだろうか。もしあるとすればどういう時に言えるのか。どういう条件が満たされたとき「逆」は必ず真になるのだろうか。

条件文と「逆」の真理表を比べてみよう。

p	q	p⊃q	q⊃p
T	T	T	T
T	F	F	T
F	T	T	F
F	F	T	T

1行目と4行目が一致している。この2行から，pとqがともに真，あるいはともに偽であるとき条件文とその「逆」はお互いに真理表が等しくなる。つまり同値である。記号化すれば（p⊃q）≡（q⊃p）だ。このときpはqの必要十分条件，あるいは同じことだがqはpの必要十分条件と呼ぶ。そしてこのような「同値」関係にある条件文を「双条件文」と呼ぶ。双条件文とは「逆も成り立つ」条件文という意味である。

双条件文は日常語では「（もし～ならば）その時に限って…」（only if）「～である限りは…」「～の時だけ…」などで表現される。

【例題19】(1)「私が忙しいときに限って彼は仕事を邪魔しに来る」は具体的にはどういう事態を指しているのか，下図を使って説明せよ。斜線部分が忙しい時間帯，空白部分はそうでない時間帯を表す。彼が来たことは▼で示せ。たとえば次のように。

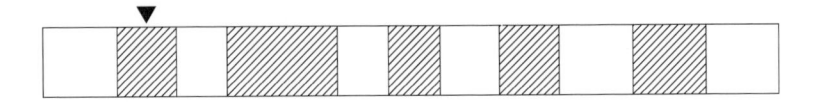

【解】(1)は双条件文である。双条件文とは「逆も成り立つ」条件文という意味であるから次のように書き換えられる。

(2) 彼が仕事を邪魔しに来るならば（＝来るときは）私は忙しい。
「もし（…）ならばその時に限って」は意外にも前件（私は忙しい）ではなくて，後件（彼は仕事を邪魔しに来る）を導入する。

あるいはこう考えてもよい。「私が忙しいときに限って彼は仕事を邪魔しに来る」ということは(3)「私が忙しくないときは（＝忙しくないならば）彼は仕事を邪魔しに来ない」ということを意味していると（これは要するに(3)は(2)の対偶と言っているに等しい）。(2)と(3)から「私が忙しいこと」は「彼が仕事を邪魔しに来ること」の必要条件を表わしていることが知れる。しかし十分条件を表わしてはいないことに注意しよう。つまり「私が忙しいならば（＝忙しいときには），いつも彼が仕事を邪魔しに来るわけではない」ということである。

以上のことを図示するとすれば，空白の時間帯は避けつつ，忙しい時間帯すべてに▼をつけないようにすればよい。たとえば次のようにすればよい。

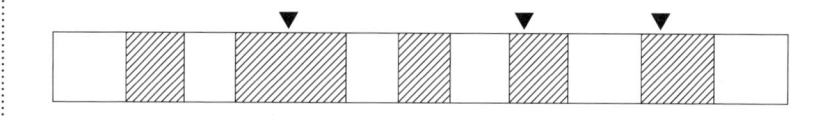

次に「裏」である。「裏」は条件文の前件の否定から後件の否定を導く関係だ。

【例題20】(4) よく勉強すればいい大学に入れる。（順）
この条件文は現実には必ずしも正しいとは限らないけれども仮に正しいと仮定することにしよう。するとその「裏」は次のようになる。
(5) よく勉強しなければいい大学に入れない。（裏）
(5) は妥当な推論だろうか。

【解】妥当な推論ではない。(4)は「よく勉強すれば」については確かに言っているけれども「よく勉強しない」ケースについてはなにも言っていない。従って前提が想定していないケースについては確かなことは言えない。つまり結論は真偽不定である。事実，反論を見つけることはやさしい。「よく勉強しなくても」秀才ならいい大学に入れるかもしれない。あるいは「特技」の枠で入れるかもしれない。つまり「裏」は必ずしも正しい推論ではないということだ。

ところで(4)「よく勉強すればいい大学に入れる」の「逆」を取ってみよう。

(6)　いい大学に入れたのはよく勉強したからだ。(逆)

(6)(逆)と(5)(裏)をよく見比べてほしい。この関係はすでに問題にした「対偶」にほかならない。ということは「逆」と「裏」はまったく同じことを述べていることになる。してみれば「逆は必ずしも真ならず」という警句は「裏は必ずしも真ならず」でも一向に差し支えないわけである。そうならなかったのは日常生活では「裏」よりも「逆」が問題になるケースが多いということなのだろう。

「裏」推理は妥当な推理ではない。「裏」推理は普通「前件否定の誤り」と呼ばれるが「前件肯定規則」と紛らわしいので本書では「裏」推理という呼称も併用する。

「裏」に関連して日本語の双条件文について注意すべきことがある。それは日本語では双条件文がきっちりと言語化されず，「含意」の形で表現されることが多いということ，つまり形の上では普通の条件文でありながら内容的には双条件文であるケースが多いということだ。

たとえば社長が社員に「営業成績がよければ給料を上げてやろう」と言ったときは，実際には「営業成績がよくなければ給料は上げない」(裏)という意味も含めている。「営業成績がよくない」場合（前件＝偽）につ

いては社長はなにも言及していないのだから、上げてやってもいいはずなのだが（むろん上げなくても構わないことは構わないけれども。条件文の真理表の3行目と4行目）。

あるいはもっと極端な例を考えてみよう。

ある誘拐犯人が次のように要求したとする。「明日までに5千万円を用意しなければ娘を殺す。」この脅迫を受け取った両親は「明日までに5千万円を用意すれば娘は殺されない」（裏）と判断して5千万円用意するだろう。当然の反応だ。だがこの場合、犯人が娘を殺しても論理的には正しい。犯人は5千万円を用意しない場合については言及しているが、用意した場合についてはなにも言っていないのだから。

日本語では双条件文が「ならば」で表現されることが多いのでくれぐれも留意する必要がある。

最後に、条件文とその「逆」「裏」「対偶」の相互関係を図示しておこう。

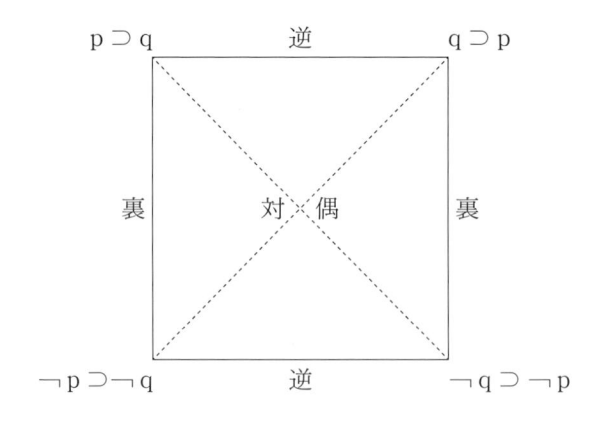

```
       p ⊃ q        逆        q ⊃ p

       裏        対  偶         裏

     ¬p ⊃ ¬q      逆       ¬q ⊃ ¬p
```

【練習問題18】次の論証は妥当か。検証せよ。

[1] 雨がひどければ試合は延期される。
    雨はひどくない。

∴試合は延期されない。
[2] M男は遺産を相続したならば金持ちである。
　　M男は金持ちである。
∴M男は遺産を相続した。
[3] 投票日の天気が悪いならば，組織政党に有利である。
　　今日（投票日）は天気がよい。
∴組織政党は票が思うように伸びないだろう。
[4] イスラム原理主義者ならばアメリカに批判的である。
　　彼はアメリカを批判している。
∴彼はイスラム原理主義者にちがいない。
[5] Aが犯人ならば彼の指紋は犯行現場にのこされたものと一致する。
　　犯行現場にのこされた指紋はAのものと一致する。
∴Aが犯人である。

【解】[1]は妥当でない。[1]は「裏」推理（前件否定の誤り）である。この推論が妥当でないことはすぐに反例が挙げられることによって示される。つまり「雨がひどくないのに試合が延期される」ケースである。たとえば雨ではなく大雪が降って延期されるケース，不測の事態（交通事故・食中毒など）が持ち上がって相手チームが試合場に来られなかったケースなど。

　[2]妥当でない。[2]は「逆」推理（後件肯定の誤り）である。これも反例がすぐ見つかる。M男が金持ちであるのは遺産を相続したためではなくて，たとえば事業で大成功したためかもしれない。

　[3]妥当でない。「裏」推理（前件否定の誤り）である。

　[4]妥当でない。「逆」推理（後件肯定の誤り）である。

　以上で問題になっている四つの誤謬推理は前件肯定規則と後件否定規則としばしば混同される。この混同の主な原因は「ならば」を「ならばその時に限って」と勘違いすることから生じる。事実，そう読めば[1]〜[4]はすべて「双条件文」となり妥当な論証になる。

[5] 妥当である。「後件肯定の誤り」と答えた人はいないだろうか。確かに後件肯定だが第1前提「犯人ならばその指紋は犯行現場に残されたものと一致する」は「逆も真である」双条件文であることに注意しよう（2人の人間が同一の指紋を持つことはありえないから）。

【練習問題 19】

[1] 「怒られなければ，勉強しない」の対偶はどうなるか。

[2] 次の推論は妥当か。
　　　金持ちでない限りエコノミー・クラスの乗客である。
　　　すべての乗客が金持ちとは限らない。
　　∴エコノミー・クラスの乗客がいる。

[3] 増税反対を論駁する次の主張はいかなる推論の誤りを犯しているか。
　　《税金を納めることは国民の義務である。よい国民は進んで税を納めるものである。いろいろ屁理屈をこねずに税を納めるのがよい国民である。》

[4] 次は『論語』の言葉である。ここで言われているのは理想的な指導者の必要条件，十分条件，必要十分条件のいずれであるか。
　　《ソノ身正シケレバ，令セズシテ従ワレ，ソノ身正カラザレバ，令ストイエドモ従ワレズ》

[5] 次の文章は論文の何条件（必要条件，十分条件，必要十分条件）を強調しているのか。

《論文とは何か。「形式」にこだわりたくはないが，内容と形式は連動しているのだ。だから，形式や〈形〉が大事だ。もちろん，形式だけ立派で，内容がないよう という論文も多いけれど。少なくとも，立派な内容を記すためには，形式が整っていなければならないというのは事実である。(…) 論文の型に収まれば，自然とある程度のところまで，内実は伴ってくる。つまり，それなりに型を整えれば，内容も整ってきて，論文として読めるものになるのである。》（山内志朗『ぎりぎり合格への論文マニュア

ル』)

【解】[1]「勉強すれば，怒られる」と答えた方はありませんか。原因―結果を表す条件文の対偶は注意する必要がある。「怒られない」は原因で，「勉強しない」は結果である。「勉強する」という結果が生ずるためには「怒られる」という原因がある（あった）と考えなければならない。正解は「勉強するのは怒られる（怒られた）からである」。

　[2] 妥当である。「金持ちでない限りエコノミー・クラスの乗客である」は「エコノミー・クラスの乗客ならば金持ちでない」ということだ。

　[3]「よい国民ならば税金を進んで納める」は言えるかもしれないが，「税金を進んで納めればよい国民だ」とは言えるだろうか（双条件文だろうか）。明らかに後件肯定の誤りだ。同じことを十分条件・必要条件で説明すれば，「税を納める」ことは「よい国民である」ための必要条件ではあるけれども，「よい国民である」ための十分条件ではないということだ。「よい国民である」ためには納税だけではなくもっとほかのいろいろな条件（義務）をクリヤーする必要があるだろう。上の主張は必要条件を十分条件にすり替えているわけである。

　[4] 必要十分条件。2つの条件文は「順」と「裏」の関係であるから「双条件文」だ。「ソノ身正シケレバ，その時に限り令セズシテ従ワレル」。

　[5] 必要条件。論文は形式を整える必要がある。いくら独創的な主張（内容）が盛られていても論文の形式を踏んでいなければ，エッセイか感想文になってしまう。つまり「内容」は論文の十分条件ではないということだ。ただ「形式」が整うと「内容」がついてくるということはある。

　ここで述べられた「形式」と「内容」の関係はいろいろなことに敷衍できるだろう。武道で「型」を体に覚えさせるのも，茶道で「作法」を重視するのも「形式」は「内容」に深く関係しているとの認識があるからだろう。昔の人が躾を大切にしたのは，作法を守っていると心も引き締まってくるという経験則に基づいているにちがいない。

1-3　推論の実際

1-3-1　健全な推論と反例

　推理規則を使って，与えられた前提から結論にいたるプロセスをたどることを演繹推理という。いわば演繹とは前提と結論のあいだの「橋渡し」だ。そのプロセスは短いこともあればとてつもなく長くなることもある。しかしながら演繹はどんなに長くなろうともなんら「新しいもの」はもたらさない。ここに演繹推理と帰納推理の本質的違いがある。帰納推理は個々の事例から出発し，別の事例（特殊から特殊へ），あるいは一般化（特殊から一般）に向かう。帰納推理は「与えられたもの」から「新しいもの」へ踏みだす。しかし演繹推理は「与えられた」前提を出ることは決してない。その前提は普遍的なもの，一般的なもの（真理＝法則）と見なされている。演繹推理は多く一般から個に向かう。帰納推理が「発見的」であり，「攻めの」推理であるとすれば，演繹推理は本質的に「例証」であり，「守りの」推論である。

　いま演繹推理はなんら「新しいもの」をもたらさないと言った。ではそれは一体なんのためにあるのか。その存在理由はなんだろうか。

　世の中には前提と結論が離れすぎていて関係づけるのが困難な事象が数多くある。たとえば月や惑星の動きとリンゴの落下。この一見無関係と思われた現象は「万有引力」を「橋渡し」にしてうまく関連づけられ説明（＝証明）された。演繹推理は前提と結論の間にある「隔たり」を埋めることであり，両者の間に明示的な「つながり」を設定することだ。推論は妥当な連鎖を形づくることにほかならない。

　ここまで私たちは推論における形式的妥当性の重要性をくどいくらいに強調してきた。しかし勿論，そのことは内容的な側面を無視してもよいということを意味しない。というよりかむしろ，私たちはふだん推論の内容的な側面ばかりに目が行きがちである。だから私たちが推論の形式的妥当性を声を大にして強調したのは，そんな私たちの通弊に対する自戒の意味

を込めていたと言えなくもない。

　推論は形式的にばかりでなく内容的にも正しくなければならない。前提中の命題間の関係（推論のプロセス）ばかりでなく，各命題の実質的な真偽も問われなければならない。前提が形式的にも妥当で内容的にも真である推論は「健全な」推論と呼ばれる。健全な推論は必ず正しい結論を導く。すでに引いた例を援用して健全な推理と健全でない推理の差異を確認しておこう。

　　すべての猫はフランス語を理解する。（偽）
　　すべての鶏は猫である。（偽）
　∴すべての鶏はフランス語を理解する。（偽）

　これは形式的に妥当であるが，前提が偽であり，健全でない推理なので誤った結論を導いてしまった。前提が真でありさえすれば，この推論形式は次のような正しい結論を得る。

　　すべての人間は死すべき存在である。（真）
　　すべてのギリシア人は人間である。（真）
　∴すべてのギリシア人は死すべき存在である。（真）

　健全な推論からは必ず真なる結論が得られる。つまり，健全な推論とは反例（偽の結論）の存在しないような推論である。反例とは前提がすべて真なのに結論が偽になる事例を指す。逆に言えば反例を１つでも挙げることができれば推論は間違いであることを証明できるということだ。
　健全な推論は妥当な推論であるが，妥当な推論は必ずしも健全な推論とは限らない。

【例題21】次の推論は論理的に正しいか。
　　人間の健康にとってビタミンＣは不可欠である。
　　緑黄色野菜はビタミンＣが豊富である。

∴人間は緑黄色野菜を食べなければならない。
【解】常識的にはまっとうな推論であるが，論理的には正しくない。反例を挙げることができる。野菜以外にもミカン，イチゴ，メロンなどの果実にもビタミンCを多く含む食べ物はある。緑黄色野菜を食べなくてもそうした果物を食べれば問題はないはずだ。

ここまでの議論を踏まえて次のような推論の妥当性を検証してみよう。

$$p \lor q \quad (犯人は一郎か，正夫だ)$$
$$\lnot q \quad (正夫は犯人でない)$$
$$\therefore p \quad (故に一郎が犯人だ)$$

前提が真，結論が偽となるような場合（反例）が見つかれば非妥当であり，見つからなければ妥当であるということだから，とにかく両前提を真，結論を偽と仮定する。そうすると第2前提（$\lnot q$＝真）より q は偽と確定する。q が偽であれば第1前提（仮定により $p \lor q$＝真だから）の p は真とならざるをえない（連言は選言肢の一方が真でなければならないから）。すると結論の p は初めに偽と仮定したはずなのだから，p は真でもあり偽でもあるということになって矛盾が生じることになる。つまり結論を偽とするような反例のケース（前提＝真，結論＝偽）がありえないということで，この推論は妥当であるということが証明される。

前提を真，結論を偽と仮定して推論の妥当性を判定する方法を「反証法」と呼ぶことにする。また，具体的な反例を示す方法を「反例提示法」と呼ぶことにする。

【例題22】反証法を使って次の推論は妥当かどうか判定せよ。
$$p \lor q \quad (犯人は一郎か，正夫だ)$$
$$q \quad (犯人は正夫だ)$$
$$\therefore \lnot p \quad (故に一郎は犯人でない)$$

【解】この推論は先ほどの推論と似ているが第2前提が違っている。つまりまったく別の推論である。

　さっきと同じ手続きを試みよう。すると結論のpは真，第2前提のqは真となり，第1前提は真となる（選言は選言肢の一方が真であれば真，ここでは両方が真なのでもちろん真）。この推論は前提＝真，結論＝偽となるケース（反例）が見つかったので妥当でないことが証明された。

　しかもこの検証はさらに別なことも語っている。つまり問題になるケース（反例）はpとqが共に真であるとき生じるということだ。具体的には一郎も正夫も犯人ということがありうるということである。

【練習問題20】次の「前件否定」推論の誤りを反証法を使って証明せよ。

$$p \supset q$$
$$\neg p$$
$$\therefore \neg q$$

【解】前提を真，結論を偽と仮定する。第2前提（真）からp＝偽，結論からq＝真が得られる。すると第1前提は確かに真になる（真理表3行目に相当するから）。この推論は2つの前提が真で結論が偽のケースが成立する——反例が存在する——ので妥当でないことが証明される。

【練習問題21】次の推論は「前件否定の誤り」である。こんな間違った判断をして絶望している友人を慰めるためという想定で，反例提示法を使って彼女を説得（反駁）せよ。

　　彼があたしを愛してくれれば，あたしは幸せになれる。（p⊃q）
　　彼はあたしを愛してくれない。（¬p）
　∴あたしは絶対に幸せになれない。（¬q）

【解】たとえばこんな説得が考えられる。《あなたは間違った考え方をして

いる。あなたを幸せにするのは彼だけとは限らない（「彼があなたを愛してくれること」は「あなたが幸せになること」の十分条件ではあるけれども必要条件ではない。従って彼以外でもあなたを幸せにしてくれる人はいるわけである）。世の中には大勢の男性がいる。あなたを幸せにしてくれる男性は必ずいるはずだ。だから，そんなに落ち込む必要はない。》

【練習問題22】反例のない推論は妥当であるということを念頭に置いて次の推論の妥当性を判定せよ。

　　　　神が存在するならば進化論は誤りである。　($p \supset \neg q$)
　　　　進化論は正しい。　　　　　　　　　　　　(q)
　　　　神は存在する。　　　　　　　　　　　　　(p)
　　　∴世界は終末に近づいている。　　　　　　　(r)

【解】この推論は妥当である。

反証法を試みよう。
（ⅰ）　結論を偽，3つの前提をそれぞれ真と仮定する。
（ⅱ）　第2前提から q＝真，第3前提から p＝真が帰結する。
（ⅲ）　（ⅱ）より第1前提は《真⊃¬真→真⊃偽》となり，条件文の第2行目から全体として偽となる。
（ⅳ）　（ⅰ）より第一前提は真と仮定したはずなので(ⅲ)の帰結と矛盾する（つまり反例が存在しない）。だからこの推論は妥当であると結論できる。

この結論は正しいのであるが，よく前提を見てほしい。この3つの前提は矛盾（進化論は正しい／進化論は誤りである）を含んでいる。つまりすべての前提が真になることはありえず，全体として常に偽なのである。すでに条件文の真理表（3・4行目）で見たように，前件が偽ならば後件は真でも偽でも命題全体（条件文）としては真だからだ。

前提が真，結論が偽となるケースが反例であるとすれば，前提が常に偽である以上，このタイプの推論は結論になにが来ようが常に真だというこ

とだ。上の推論は結論「世界は終末に近づいている」の真偽に関係なく妥当だということになる。すでに言及したように「偽カラハナンデモ」である（偽は「矛盾した前提」と解すればよい）。

1-3-2　選言判断

　条件文のはらむさまざまな問題をえぐりだしながら、私たちは妥当な推論や健全な推論について考察を深めてきた。前件肯定規則、後件否定規則、ついでに前件否定の誤り、後件肯定の誤りも俎上に載せた。そうすると、残る重要な推理規則は「選言三段論法」と「仮言三段論法」ということになる。

　まず選言三段論法から見ることにしよう。

　選言三段論法は「pかqである」「pでない」「故にqである」と一般化できる推論である。

　選言三段論法が成立するためには次の2つの条件が必ず満たされていなければならない（推論形式の妥当性については60ページで証明済み）。

1)　可能な選択肢がすべて網羅されていなければならない。
2)　選択肢はお互いに非両立的でなければならない。

　【例題23】次の推論は健全（正しい）か。
　　すぐれた仕事をする人は天才か努力家である。
　　彼は天才でない。
　∴彼は努力家である。
　【解】この推論は健全でない。推論形式は妥当であるが、第1前提に問題がある。天才と努力家は両立しうる観念である（天才でもあり、努力家でもあるという選択肢が可能）。してみれば「彼は努力家でもないし天才でもない」という答えもありうる。

選言三段論法は「消去法」の拠り所になっている。選択肢は2つと限る必要はない。3つでも4つでもいい。ただその選択肢は問題のフィールドをすべてカバーしていなければならない。
　名探偵ホームズはワトスンが郵便局に電報を出しに行ったことを言い当てる。「どうやって電報と推理したのだ？」と驚く友人に向かってホームズはこう種明かしする。
　「なあに，午前中ずっと君と向い合っていたから，君が手紙を書かなかったことは，むろん分っていた。それから，開け放しになった君の机のなかに，切手ひと綴りとはがきの分厚い束とが入ってるのも，見えている。とすれば，電報を打つのででもなければ，局へ出かける理由がなかろうじゃないか。」（コナン・ドイル／阿部知二訳『四人の署名』）

　【例題24】 上のホームズの推論のプロセスを説明せよ。
　【解】 ホームズの推論は次のような消去法に基づいている。
　　ワトスンが郵便局に行くとすれば次のケースが予想される。
　　① 手紙を出しに行くため
　　② 切手を買いに行くため
　　③ 葉書を買いに行くため
　　④ 電報を打ちに行くため
　　ところで①②③は消去できる。故に ④ である。
　　この推理はこの場合は運良く事実を言い当てたことになるが，実は少し危なっかしい推論に基づいている。というのは選択肢が網羅されていない可能性があるからだ。たとえば貯金のこと（入金あるいは引き出し）で出かけたという可能性は考えられるだろう（ちなみにイギリスは1861年に世界で初めて郵便貯金制度を発足させている）。

繰り返し言っておくが，選言が問題になる推論においてはほかの選択肢の可能性がないかどうかをいつも疑うこと。漏れ（隠蔽）がしばしば見られるからだ。

【練習問題 23】次の選言三段論法は健全（正しい）か。
[1]　文学概論の成績は A か B か C である。
　　　彼の成績は A でもないし，B でもない。
　　　∴C である。
[2]　人は政治家であるとともに文学者であることは出来ない。
　　　彼は政治家ではない。
　　　∴彼は文学者である。
[3]　物体は動いているか，静止しているかである。
　　　この物体は静止していない。
　　　∴この物体は動いている。
[4]　わたしはウイスキーを飲むかワインを飲むかである。
　　　わたしはウイスキーを飲む。
　　　∴わたしはワインを飲まない。
【解】[1]健全でない。「不可」がありうる。[2]健全でない。政治家と文学者は両立しうる。[3]健全である。[4]健全でない。ウイスキーとワインを一緒に飲むことはありうる。

1-3-3　三段論法とはなにか

　三段論法はふつう次の3つのタイプに分けられる。すでに検討した「選言三段論法」の他に「定言三段論法」と「仮言三段論法」である。
　定言三段論法とは次のような推論だ。

MはPである（アイコンタクトの達人は人の心を読むのがうまい）。
　　SはMである（異性に愛される人はアイコンタクトの達人である）。
　∴SはPである　（異性に愛される人は人の心を読むのがうまい）。

　つまり定言三段論法とは前提と結論が「…である」という定言判断をとる三段論法だ。言い換えれば定言三段論法の大前提は普遍的命題（真理）だ。したがって言語表現として示されていないにしても「す・べ・て・の・Mは…である」を含意している。
　仮言三段論法とは次のような推論だ。

　　pならばqである（減税すれば，消費が伸びる）。
　　qならばrである（消費が伸びれば，景気がよくなる）。
　∴pならばrである（減税すれば景気がよくなる）。

　仮言三段論法とは前提に仮言判断「もし…ならば」（仮言命題）をもつ三段論法である。上の例は標準型で両前提も結論も仮言判断であるが，大前提だけの場合を「混合仮言三段論法」と呼ぶ場合もある。この場合には「前件肯定規則」と「後件否定規則」も仮言三段論法ということになる。
　実をいうと選言三段論法も定言三段論法も仮言三段論法に還元できるのだ。
　まず選言三段論法についてみれば，「pかqである」という選言判断は「非pならばqである」という仮言判断と同じである。たとえば「進学か就職か」という選言は「進学（就職）でなければ就職（進学）だ」という条件文と同じである。してみれば「pかq，pでない，ゆえにq」という選言推論は「非pならばq，非p，ゆえにq」という仮言推論に置き換えることができる。
　次に定言三段論法。
　定言命題は仮言命題に書き換えることができる。「すべてのpはqである」（全称文）ということは厳密にいえば「なんであれ，それがpであれ

ばそれは q である」ということだ。つまり「p は q である」（すべての人間は死ぬ）は「p ならばすべて q である」（人間ならばすべて死ぬ）に等しい。

【練習問題24】次の定言命題を仮言命題に書き換えよ。
［1］　トンボは昆虫である。
［2］　人間は平和を望む。
［3］　谷崎潤一郎は文豪である。
【解】［1］　トンボならば昆虫である。
　［2］　人間ならば平和を望む。
　［3］　谷崎潤一郎ならば文豪である。

　私たちの推論の基本は三段論法である。私たちはそうと意識せずに三段論法に従ってさまざまな判断をしている。

　　【例題25】「彼はフランス人だからワインが好きだ。」この推論を三段論法に直すとどうなるか（ヒントは大前提がなにかを考えること）。
　　【解】フランス人はワインが好きだ。
　　　　　彼はフランス人だ。
　　　　∴彼はワインが好きだ。

　三段論法の条件は次の5つである。
　1)　どの命題も主語―述語からなる。
　2)　2つの前提と結論からなる。
　3)　大名辞，中名辞，小名辞と呼ばれる3つの名辞（概念）が現れる。
　4)　結論の主語（小名辞）と結論の述語（大名辞）は両前提に一回出て

くる。

5) 両前提に出てくる名辞（中名辞＝媒名辞）が必ずある。

なお，小名辞を含む前提は小前提，大名辞を含む前提は大前提と呼ばれる（前提の出てくる順番とは関係がないことに注意）。

結論の主語（小名辞）を S（subject term），中名辞を M（middle term），結論の述語（大名辞）を P（predicate term）で表わせば，三段論法の標準型は次のように書き表せる。

$$M はPである。$$
$$S はMである。$$
$$\therefore S はPである。$$

三段論法の鍵は結論からは姿を消す中名辞（M）にある。まさに中名辞が前提と結論のリンク（橋渡し）の役目を果たしているのだ。したがって中名辞は両前提に必ず出てくる必要がある。さもなければ媒介の機能を果たすことが出来ないだろう。そして M，P，S には任意の名辞（名詞，形容詞など）が代入可能である。第1の前提と第2の前提は入れ替えることができる。

【練習問題25】次の推論を三段論法に書き換えよ。

[1] 人間だれでも長所はある。きみだってある。
[2] 彼は頭がいいと思う。だって Y 大出だから。
[3] 努力すれば人間は成功する。きみは成功しないだろう。
[4] 彼は金にだらしがない。あたし，金にだらしない男は嫌い。
[5] われ思う，故にわれ在り。

【解】[1] 人間はだれでも長所がある。きみは人間だ。∴きみは長所がある。

[2] Y 大出は頭がいい。彼は Y 大出だ。∴彼は頭がいい。

[3] 努力すれば人間は成功するだろう。きみは努力しない。∴きみは成功しないだろう。

[4] あたしは金にだらしのない人間は嫌いだ。彼は金にだらしがない。∴あたしは彼が嫌いだ。

[5] 思うものは存在する。われは思う（ものだ）。∴われは存在する。

1-3-4　正しい三段論法の見分け方

　アリストテレスによってその大枠が与えられ，中世を通じて洗練された定言三段論法の体系は学問の「オルガノン」（道具）としての役割を果たした。学問は真理を追究する。真理追究の道具としての三段論法は厳密な推論であることが求められる。そのためには妥当な三段論法と非妥当な三段論法を識別しなければならない。しかしながら，「全称」か「特称」か，「肯定」か「否定」か，「大名辞」「中名辞」「小名辞」の順序や組合せなどによって定言三段論法はさまざまなパターンを取りうる（可能なパターンは全部で 256 通りということが古典論理学によって突き止められている）。多くのパターンのなかから妥当な定言三段論法を見分ける方法はあるのだろうか。幸いなことに，これまですでに幾つかの方法が案出されている（妥当なパターンは 24 個に限られるということも確かめられている）。

　ただ残念ながら，これまでよく利用した真理表や反証法を使う判定法はこの場合は使えない（そうはいっても選言三段論法と仮言三段論法についてはその限りではない。すでに選言三段論法についてはその妥当性を「反証法」を使って検証した（1-3-1 参照）が，もちろん「真理表」を使っても証明できる。また仮言三段論法も同じく「反証法」や「真理表」を使えば簡単に証明できる。興味のある向きは試してみるとよい。つまりここで問題になるのはあくまでも定言三段論法の判定ということである）。

　どうしてだろうか。

　たとえば次のような三段論法の妥当性を検証しようとする。

(1)　すべての人間は死ぬ。
　　　ソクラテスは人間である。
　　∴ソクラテスは死ぬ。

これまでの流儀にならってこの推論をまず記号化する。3つの命題はそれぞれ異なっているので3つの文記号を与える。するとたとえば次のように記号化されるだろう。

$$p$$
$$q$$
$$\therefore r$$

この推論がおよそ推論の名に値しないことは一目瞭然だろう。p, q, r にそれぞれ異なる文を代入すればいいのだから。たとえば

　　　知的所有権は尊重されなければならない。
　　　日本の若い女性は海外のブランド物が好きである。
　　∴ペンギンはペンギン目ペンギン科の鳥類である。

(1)はこんな無茶苦茶な推論に基づいているというのだ。そんなばかな……。確かにそんなばかな，なのである。どうしてそういうことになってしまうのか。それは実は，上の三段論法が私たちがこれまで依拠していた，命題（文）を最小単位と見なす論理学（いわゆる命題論理学）では処理できないタイプの推論に属するからだ。つまり定言三段論法は命題の内部構造まで踏み込んで対応しなければならない特殊な推論であるということだ。だからもし記号化するとすれば，たとえばすでに行ったように S, M, P（記号はなんでもよい）を使って文ではなくてもっと小さい単位，つまり各名辞を記号化しなければならない。すると例示した(1)は次のように表される。

　　　　　　　　M は P である。

70

1-3 推論の実際

$$\text{S は M である。}$$
$$\therefore \text{S は P である。}$$

　あとは各命題の真理値をまったく考慮せず各名辞のさまざまな組合せ（全称/特称，肯定/否定，主語/述語など）をただひたすら形式的に点検すればよい。

　それでようやく定言三段論法の判定法ということになるのだが，古典論理学が採用した方法は実に煩雑なので，簡便な方法を2つだけ紹介することにしよう。

　まずその1つは「三条件」に拠る判定法だ。定言三段論法は次の3つの条件を満たさなければならない（1つの条件にでも抵触すれば非妥当になる）。

（ⅰ）　否定命題が出てくるときは前提に1つ，結論に1つでなければならない。（否定-条件）
（ⅱ）　中名辞（媒名辞）は少なくとも前提の1つにおいて周延されなければならない。（中名辞-条件）
（ⅲ）　結論において周延されている名辞は前提においても周延されていなければならない。（結論-条件）

　これだけ示されても何がなんだかさっぱり分からないにちがいない。少し注釈が必要だろう。まず，初めて出てきた「周延」distribution という概念を説明しなければならない。

　「周延する」のもともとの意味は「分配する」「割り当てる」ということだ。要するに概念の示す外延（概念の適用される範囲）をすべて問題にすること，名辞の表す全メンバーに言及することである。簡単にいえば「すべて」に修飾＝限定されている名辞は周延されている。また「～でない」と否定されている名辞も周延されている。なぜなら「A は B でない」とは「すべての B が A でない」ということであるから。周延と不周延を，三段論法によく出てくる4つの基本文型に即してイメージ化すれば次のよ

うになるだろうか（網罫をかけた文字は周延されていることを示す）。ちなみに○は周延，□は不周延を表す。

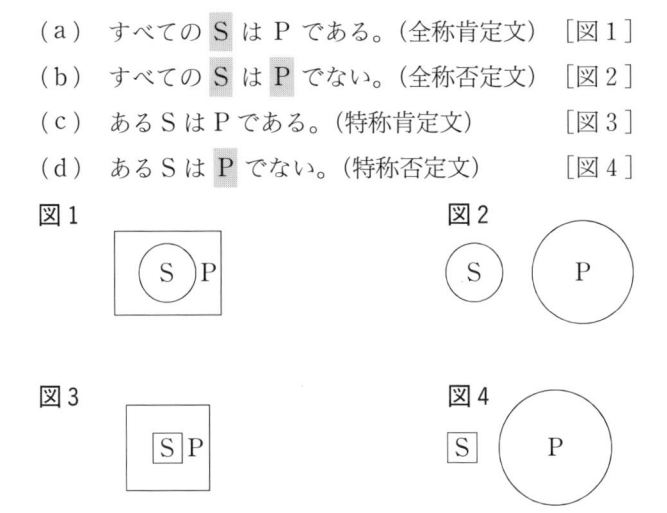

(a) すべての S は P である。（全称肯定文） ［図1］
(b) すべての S は P でない。（全称否定文） ［図2］
(c) ある S は P である。（特称肯定文） ［図3］
(d) ある S は P でない。（特称否定文） ［図4］

図1

図2

図3

図4

なお特称命題のなかの「ある」は「少なくとも1つは」という意味である。従って「1つの」「幾つかの」「多くの」「大部分の」などを表しうる。

【例題26】次の三段論法は妥当だろうか，妥当でないだろうか。
　　すべてのピアニストはキーボードプレーヤーである。
　　あるキーボードプレーヤーは打楽器奏者ではない。
∴あるピアニストは打楽器奏者ではない。

【解】すぐに答えの出せる人はまずいないだろう。ではさっそく前ページの判定規則を使って検証してみよう。

　この三段論法はまず（ⅰ）の否定-条件はクリアーしている。否定命題は第2前提に1つと結論に1つだから。（ⅰ）の規則は少し分かりにくいかもしれないが，要するに（1）大前提と小前提が両方とも否定命題であってはならない，（2）否定命題が全体で1つだけ（つまり前提に1つだけとか，結論に1つだけとか）であってはならない，この2

つのケースを禁じているのだ。

　次に(iii)の結論-条件はどうか。結論において周延されている名辞はあるだろうか。「打楽器奏者ではない」とあるから「打楽器奏者」という名辞は周延されている。第2前提でも同じように否定されているので周延されている。つまり(iii)の規則もクリアーしている。

　最後に(ii)の中名辞-条件。中名辞（媒名辞）は「キーボードプレーヤー」だ。キーボードプレーヤーは「すべて」という限定も受けていないし，否定されてもいないので周延されていない。つまり上の三段論法は(ii)の規則に違反している。つまり，形式的に問題のある妥当でない推論ということになる。

　三段論法の適否を判定するには別の判定法もある。ベン図を使うことだ。ベン図はとても便利な検証方法である。これからも折に触れて利用するはずだ。そのマニュアルは次のとおりだ（本書ではベン図は日常的推論の判定にしか使用しないので簡略化してある）。

　1) 問題の集合を円で表す。集合または集合の一部に要素が1つも含まれていない時には，円の対応する部分を影付けする。

　2) 集合または集合の一部が少なくとも1つの要素を持つことを示すためには，円の対応する部分に＊印を記入する。2領域にまたがる場合は境界線上に記す。これは，＊がいずれか一方に，あるいは両方に属するけれども3つのケースのいずれとも特定できないことを示している（なお，もし影付けされた部分の弧上に＊が来るときは＊を隣の空白部に移す）。

　3) ある部分が空白であるときは，その部分の要素については情報が与えられていないということである。要素は存在するかもしれないし，存在しないかもしれない（日常的推論しか扱わない本書では空白部分は「すべての」要素が存在すると仮定して差し支えない）。

　試みにこのマニュアルに従って4つの基本文型をベン図で描いてみよう。

（a） すべてのSはPである。
（b） いかなるSもPではない。
（c） あるSはPである。
（d） あるSはPでない。

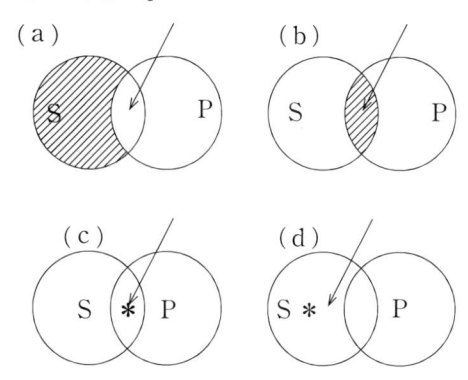

では，先ほどの三段論法をベン図を使って判定してみよう。
① すべてのピアニストはキーボードプレーヤーである。
② あるキーボードプレーヤーは打楽器奏者ではない。
③ あるピアニストは打楽器奏者ではない。

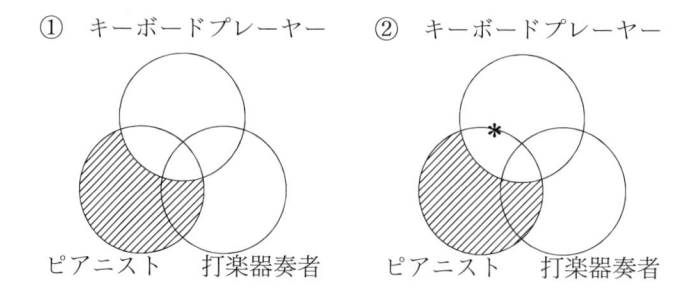

3つの名辞をどの円に対応させるかは特に決まりはないけれども，見やすいように普通は結論の主語（小名辞）を左下の円，結論の述語（大名辞）を右下の円，中名辞を上の円で描くことが多い。そして，影と＊を描くときは，全称命題を特称命題よりも先に処理すると図が読みとりやすく

なる（もっとも逆に処理しても一向に差し支えない）。

妥当な推論であれば2つの前提を描けば図から結論が一義的に読み取れなければならない。つまり＊がピアニストを表わす円の上の空白部になければならない。しかし図を見ると＊は境界線上にある。ということはこの＊はピアニスト側にはいるのかキーボード側にはいるのか，あるいは両方にはいるのか，確定できないということだ。つまり「あるピアニストは打楽器奏者ではない」と一義的には読めない（つまり真とも偽ともなりうる）ということだ。従ってこの三段論法は妥当な形式ではない。

三段論法の判定に三条件を使うかベン図を使うかは好みの問題だろう。三条件は初めのうちは煩わしいように思えるかもしれないが，慣れればスピーディな判定法である。ただベン図は定言三段論法以外の推論の判定にも使うことができる（次の練習問題[6][7]）。

【練習問題26】 つぎの三段論法は妥当か。三条件とベン図を使って調べてみよ。

[1] 　ダイエットは強い意志が求められる。
　　　強い意志が求められるものはやり遂げるのが難しい。
　　∴ダイエットはやり遂げるのが難しい。

[2] 　よいレポートは時間をかけて集めた情報に基づいて書かれたものが多い（ある，よいレポートは時間をかけて集めた情報に基づいて書かれたものである）。
　　　インターネットで集めた情報は時間をかけて集めた情報ではない。
　　∴インターネットで集めた情報に基づいて書かれたものは多くよいレポートではない。

[3] 　高脂肪食品(ハイファット・ダイエット)はコレステロール値の高い食品である（＝すべての高脂肪食品はコレステロール値の高い食品である）。
　　　コレステロール値の高い食品は健康によい食品でないものが多い

（＝ある，コレステロール値の高い食品は健康によい食品でない）。
　　∴健康によい食品は高脂肪食品ではないものが多い（＝ある健康によい食品は高脂肪食品ではない）。
［４］　生存主義者(サバイバリスト)はすべて戦争物ゲームソフト愛好者である。
　　　戦争物ゲームソフトの愛好者はすべて現役の兵士ではない。
　　∴現役の兵士はすべて生存主義者である。
［５］　すべてのフェミニストは「女らしさ」を否定する。
　　　すべての女性は「女らしさ」を否定しない。
　　∴あるフェミニストは女性でない。
［６］　pかqである。qでない。故にpである。（選言三段論法）
［７］　pならばqである。qならばrである。故にpならばrである。
（仮言三段論法）

【解】
［１］妥当　　　　　　　　　　［２］結論―条件に違反

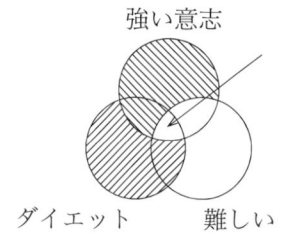

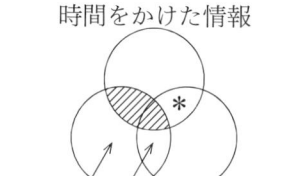

1-3 推論の実際

[3] 中名辞-条件に違反
　　コレステロール
　健康　　高脂肪

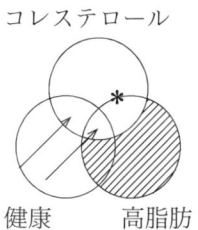

[4] 否定-条件に違反
　　ゲーム愛好者
　兵士　　生存主義者

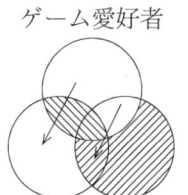

[5] 妥当
　　「女らしさ」否定
　フェミニスト　女性

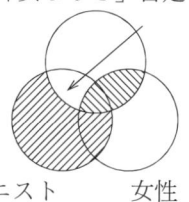

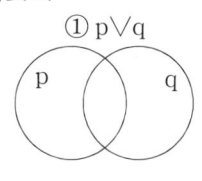

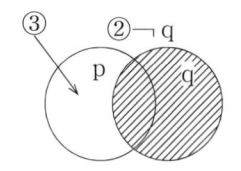

[6] 妥当
① p∨q
　p　q

③　② ¬q
　p　q

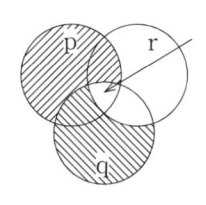

ちなみに p∧q は右図のようになる。

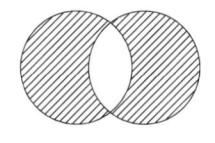

[7] 妥当
　p　r
　　q

［5］については補足説明が必要だろう。問題の領域には＊はないけれども＊があると見なしてよい。すでに指摘したように「存在するもの」についての議論の場合は空白部の要素は存在すると仮定してよいからだ（実際には「すべてのフェミニストは女性でない」と読めるのだから「あるフェミニストは女性でない」という結論はとうぜん妥当だ）。この「存在仮定」の問題が出てくるのは［5］のように両前提が全称文で結論が特称文という例外的な三段論法の場合である。普通は無視して差し支えない。

1-3-5 対当推理と反論

　伝統的な学問は普遍的な真理を問題にした。学問の「オルガノン」としての三段論法もまた普遍的真理の記述に動員されることになる。「すべての〜は…である」という大前提から出発する定言三段論法が中心的役割を果たすことになるのは極めて自然な成りゆきであった。定言三段論法は2つの前提からなる推論で，いわば「間接推理」である。しかしながら三段論法以外にも重要な推理がある。それは前記の4つの基本文型の1つを前提とする「直接推理」で，「対当推理」と呼ばれる。ここでは4つの基本文型の関係が問題になる。

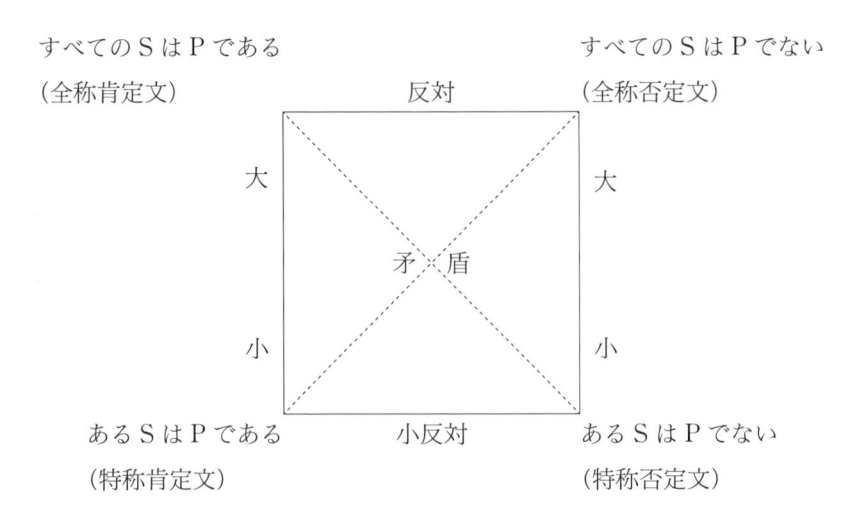

```
すべてのSはPである                    すべてのSはPでない
（全称肯定文）         反対            （全称否定文）
              ┌─────────────────┐
              │ ＼            ／ │
           大  │   ＼        ／   │  大
              │     ＼    ／     │
              │       矛×盾      │
              │     ／    ＼     │
           小  │   ／        ＼   │  小
              │ ／            ＼ │
              └─────────────────┘
あるSはPである         小反対         あるSはPでない
（特称肯定文）                        （特称否定文）
```

この四角形（対当）は見覚えがあるぞと気がついた読者もおられるはずだ。そう，否定を問題にしたとき出てきた図と似ている。ただ，あの時は対象は単数の事物であったが，ここでは複数の事物が問題になっている。対象が複数か，単数かで否定の問題は少し様相を変える。そして「すべて」（全体）と「ある」（部分）が問題になるとなおさらである。

　対角線は「矛盾」対当を示している。この関係にある文はお互いに「強い否定」＝「排他的否定」になる。議論で相手の主張に異を唱える時はこの否定に訴える必要がある。特に「すべての」という含みのある相手の議論——全称肯定文あるいは全称否定文——を論駁（否定）するときは対角線にある文（特称文）を反例としてあげなければならない。これは反論のテクニックとしてぜひ覚えておいてよいことだ。

【例題27】次の主張に反論せよ。

(1) （すべての）日本語は非論理的だ。

【解】これはよくある非難だが，(1)に反論するには反例を１つ挙げればよい。たとえば(2)「森鷗外の文章は論理的だ（＝ある日本語は論理的だ）。」と主張することだ。(3)「（すべての）日本語は非論理的でない（＝（すべての）日本語は論理的である）」と否定しても，これは厳密な反論にはならない。(1)と(3)が両者とも偽ということがありうる。つまり，ある日本語は論理的であり，ある日本語は論理的でない（非論理的）という「中間的な」判断——論理的な日本語もあれば，非論理的な日本語もある——がありうるからだ。

　「すべてのＳはＰである」という主張を「すべてのＳはＰでない」と反論しても反論したことにはならない。確かに「すべてのＳはＰである」と「すべてのＳはＰでない」は同時に成立する（真である）ことはないけれども，その否定＝偽である「あるＳはＰである」と「あるＳはＰでない」はともに両立するからだ。これはすでに見た「中間」を認める「両

立的否定」のケースだ。「反対」関係にある2つの命題は共に真であることはないが,共に偽であることはありうる。

「小反対」関係にある2つの命題は共に真であることはできるが,共に偽であることはできない。たとえば「男のなかにはフェミニストもいればアンチ・フェミニストもいる」とは言える（真である）が,その否定（偽）である「すべての男はフェミニストである」と「すべての男はアンチ・フェミニストである」は同時には言えないだろう。

「大小」対当は38ページの図にはなかった。これは全体と部分の関係で,全体について真ならば部分についても真だという関係だ。いわゆる「大は小を兼ねる」ということだ。「形あるものはすべて滅びる」が言えれば「形あるもののあるものは滅びる」も言えるだろうし,「隠花植物は花をつけない」が言えれば「シダ植物は花をつけない」も言えるだろう。

【練習問題27】「サッカーの試合はいつも面白いとは限らない（＝あるサッカーの試合は面白くない）」と友人が主張した。そのとおり（真）だと思う。すると友人は今度は「サッカーの試合はどれも面白くない」と付言した。第1の発言を真だと仮定すると第2の発言の真偽はどうなるか。

【解】　　すべての試合が　　　　　　　　　すべての試合が
　　　　面白い　F　　　　　　　T/F　面白くない

　　　　ある試合は　T/F　　　　　　T　ある試合は
　　　　面白い　　　　　　　　　　　　面白くない

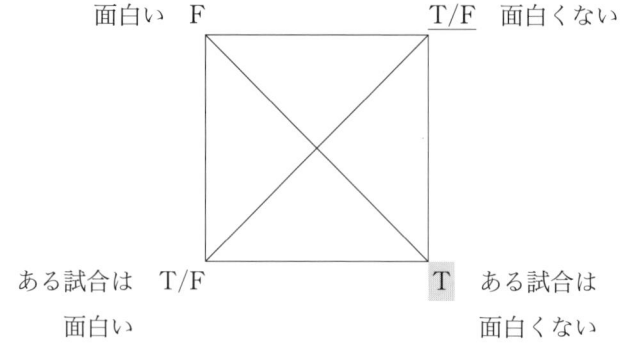

真偽不定。「あるサッカーの試合は面白くない」が真であるとすれば，矛盾対当である「すべてのサッカーの試合が面白い」が偽ということだ。そうすると反対対当である「すべてのサッカーの試合が面白くない」は真であることもあるし偽であることもある。つまり真偽不定ということになる（左下図参照）。

【練習問題 28】「日本人はみな勤勉である」という相手の主張は誤り（偽）だと論証できた。「日本人はみな勤勉でない」という私の主張は正しい（真）と言えるだろうか。
【解】正しい（真）とは必ずしも言えない。「反対」対当であるから両者ともに誤り（偽）の可能性がある。つまり「日本人はみな勤勉である」も「日本人はみな勤勉でない」もともに誤りで，「ある日本人は勤勉である」「ある日本人は勤勉でない」（＝日本人には勤勉な人もいれば勤勉でない人もいる）ということが真でありうる。

【練習問題 29】「ある女性は魅力的でない」と相手は主張した。私は「女性はみんな魅力的だ」と信じている。相手の主張を論破すれば私の主張は正しいと言えるだろうか。
【解】私の主張は正しいと言える。特称否定文（ある女性は魅力的でない）と全称肯定文（すべての女性は魅力的だ）は「矛盾」対当である。相手の主張が偽であれば私の主張は真である。

【練習問題 30】日本が危機的な状況に遭遇した時よく「日本人は変わらなければならない」といった発言がなされる（本書の「はじめに」にもある）。「論理的」に問題はないか，検証せよ。
【解】ここの「日本人」は「すべての日本人」という含みで使われている。問題がある。すべての日本人が変わる必要はないはずだ。つまりある日本人は変わる必要があるかもしれないが，ある日本人は変わる必要はない。

日本人のなかには変わる必要のある人も，変わる必要のない人もあるというのが正確な言い方だろう。ただ，そのことを承知の上であえて全称肯定文を使わなければならないこともある。主張を鮮明にするため，あるいは強調するためである。

1-3-6 三段論法の落とし穴

【例題28】次の推理を評価せよ。
　　恵美子は杏子の友達である。
　　杏子の友達は奈緒美の友達である。
　　奈緒美の友達は由香利の友達である。
　∴恵美子は由香利の友達である。
【解】この推論は形式的に妥当である。しかしその結論は果たして正しいだろうか（これは「私の友達の友達は私の友達である」と同じタイプの推論である）。結論が正しい場合もあるけれども，見ず知らずの人，あるいは敵であることもあるだろう。この推論は形式的に妥当なのに結論は偽でありうる。

　上の推論は形式的に妥当であるし，前提も内容的に真である。私たちのここまでの確認からすれば，この推論は健全である以上，とうぜん結論は必ず真になるはずなのだ。形式的にも内容的にも正しい推論なのにどうしてそうはならないのだろうか。
　この問題を考えるために次の有名な推論を取り上げることにしよう。

　　風が吹けば(A)，土ぼこりが立つ(B)。
　　土ぼこりが立てば(B)，(人の目に入って)目を悪くする人が世間にふえる(C)。

目の悪い人が増えれば(C)，(他に生活の手段がないので)門づけが増える(D)。

門づけが増えれば(D)，(その商売道具である)三味線がよく売れる(E)。

三味線がよく売れれば(E)，(三味線の材料である)猫の皮がたくさん必要になる(F)。

猫の皮がたくさん必要になれば(F)，猫が殺されて少なくなる(G)。

(天敵の)猫が少なくなれば(G)，ネズミが大暴れして桶をかじる(H)。

ネズミが大暴れして桶をかじるならば(H)，桶がよく売れる(I)。

桶がよく売れれば(I)，桶屋が儲かる(J)。

∴風が吹けば(A)，桶屋が儲かる(J)。

なんだか胡散臭い推論だと思われるかもしれないが，これは実は形式的に妥当な推論だ（ちなみに「門づけ」とは人家の門前で音曲や芸能を演じて金品を貰い歩く芸人のこと）。三段論法を積み重ねたもので「連鎖式」と呼ばれる。連鎖式は結論の部分を省略した三段論法をつないだもの（複合三段論法）と見なせばよい。連鎖式の妥当性は太鼓判を押されている（「反証法」を使えば簡単に証明できる）。だから「風が吹けば……」もとうぜん正しい推論のはずである。ただ，そういわれてもにわかには信じがたいと思われる読者も多いにちがいない。

形式的に妥当な連鎖式がどうして眉唾的な結論を導いてしまうのだろうか。このことは推論の根本にかかわる問題なので，少し掘り下げて考えてみたい。

仮言でも定言でも，四段でもそれ以上でも別に連鎖式の本質は変わらないので，ここでは簡便さを考慮して四段で定言の連鎖式を例にとる。

明彦は哲也より背が高い。
哲也は一郎より背が高い。

一郎は大輔より背が高い。
　　∴明彦は大輔より背が高い。

この推論は事実とも合致している。つまりこの推論は形式的にも内容的にも正しい。

　ただ形式的に妥当なはずの連鎖式がおかしな結論を導くこともある。次の例を考えてみよう。

　　　明彦は哲也よりテニスが強い。
　　　哲也は一郎よりテニスが強い。
　　　一郎は大輔よりテニスが強い。
　　∴明彦は大輔よりテニスが強い。

この推論は形式的に妥当である。しかしその結論は果たして正しいだろうか。これは事実と照合しなければ結論は出せない。正しいこともあるが正しくないこともある。なぜだろうか。先ほどの「背の高さ」は数値化できる明確な概念であったが,「テニスの強さ」という概念は曖昧であるからだ。一番弱いはずの大輔を明彦は大の苦手としているかもしれない。その日のコンディションによってはランキングの上の選手がはるか下の選手に負けることもある。

　妥当な推論は論理学や数学の世界では問題なく通用するけれども,事実世界では絶対に正しい結論を導くとは限らない。その行使に当たっては慎重でなければならない。事実との照合が絶対に不可欠だ。ただ次のことは確実に言える。連鎖式の結論がおかしい（偽）とすれば形式的には妥当である以上,前提の内容,前提の中身に誤りが隠されているはずだと。事実,問題は中名辞にある。上の例では「テニスの強さ」がそれに当たる。テニスの強さというものは色々な条件が絡み合っていて一義的には決定できない。そこに恣意性の介入（判断ミス）の余地がある。「背の高さ」のように一義的に決定できる概念が中名辞（媒名辞）であれば正しい結論が

導かれる。妥当な推論は前提が真であれば結論も必ず真になるからだ。

　上の事実を逆手にとれば，三段論法は中名辞（媒名辞）をうまく操作すると推論の形式的妥当性を保ちながらおかしな結論（偽の結論）——それこそ思い通りの結論——を引き出すことができるということだ。普通の三段論法と連鎖式の例をそれぞれ挙げてみる。

　　弁護士であるならば正義の味方である（弁護士は正義の味方である）。
　　正義の味方ならば原発反対論者である（正義の味方は原発反対論者である）。
　∴弁護士であれば原発反対論者である（弁護士は原発反対論者である）。

　　ナポレオンは小柄な男である。
　　小柄な男は劣等コンプレックスの持ち主である。
　　劣等コンプレックスの持ち主は気が弱い人間である。
　　気が弱い人間は戦闘に向いていない人間である。
　　戦闘に向いていない人間はよい軍人ではない。
　∴ナポレオンはよい軍人ではない。

　ご覧のとおり，曖昧な中名辞（媒名辞）を含む三段論法は常にこうした牽強付会を可能性として含んでいる。「風が吹けば……」はそうした三段論法の問題性を誇張した形で示しているというわけである。

　「風が吹けば……」が提起する問題性は要するに前提と結論のあいだの「関連性」にかかわっている。ことが事実世界に関係する場合は推論は形式的妥当性だけではなくて事実との整合性，つまり個々の命題の真偽性も問題になる。もっともそうした配慮は論理学の関知するところではないけれども。

　事実との整合性——どうやら私たちは論理学の世界（演繹推理）からレトリックの世界（帰納推理）へと足を踏み入れなければならない地点にやって来たようである。

【練習問題 31】次の文章は村田宏雄『オルグ学入門』から引いたものだ。オルグとは懐かしい言葉で今や死語であろう。organizer の略で、「大衆や労働者の中に入って、政党や組合の組織を作ったり、その強化や拡大をはかったりすること（人）。［狭義では、共産主義のそれを指す］」（『新明解国語辞典』）を意味する。『オルグ学入門』は共産主義者オルグのために勧誘・洗脳のテクニックを伝授するが、どんな汚い手を使っても構わない、目的は手段を正当化するという姿勢が貫徹されていて極めて「危険な」マニュアル本だ。その中に「風が吹けば……」を取りあげた箇所がある。まず読んでみてほしい。

《オルグの場合，理論闘争といっても，闘争の相手の主張する理論が必ずしも学者・研究者が理論を構築する時のように，厳密な演繹的思考や帰納的思考を用いて構築されたものでないことが多い。多くの場合，闘争相手の主張する理論の多くは，風が吹けば桶屋が儲かる式のダーク・ロジックと呼ぶこじつけの論理によって構成されたものであることが多い。〔……〕風が吹くという事実から，桶屋が儲かるという推論を導き出すため，多段階にわたって，都合のよい現象のみを拾い出したものである。いうならば，一面提示による推論の典型的なもので，この推論形式をとれば，どんなものでも結びつき，それこそ馬を鹿ということぐらい，極めて容易である。

敵対組織の理論闘争の相手がよくこのこじつけの論理を使用することがある。この場合相手は，まず攻撃すべき目標，あるいは主張等を予め定めている。つまり桶屋が儲かるという主張を定めているわけである。その上何か問題にしなければならぬ事実が発生すると，このこじつけの論理である多段階思考を使用して，それが攻撃目標のせいや主張が聞き入れられぬせいにする。たとえば，政府攻撃することで運動を盛りあげようとする時，あるひとの目にゴミが入った。それは政府が悪いからだというぐらいの推論は，このこじつけの論理をつかって，たちまち可能にすることがで

きる。このような非論理的推論から生れた主張を相手に，オルグは理論闘争をしなければならぬことが多いのである。》

　こじつけの論理を使って実際に「あるひとの目にゴミが入った。それは政府が悪いからだ」と主張してみよ。

【解】たとえば次のような「こじつけの」推論が考えられる。

《あるひとの目にゴミが入った。→それは砂埃が舞い上がったためだ。→砂埃が舞い上がったのは道路の整備がよくなかったからだ。→道路の整備がよくなかったのは所管庁が責任をきちんと果たしていなかったからだ。→所管庁が責任を果たさないのは政府がきちんと監督・指導していないからだ。∴ある人の目にゴミが入ったのは政府が悪いからだ。》

2 論証のトレーニング
——レトリックから

2-1 立論と反論

2-1-1 議論と説得

　すべての議論は反論可能である。まさかと疑う人も多いかもしれないが，逆説ではなくて事実だ。なぜか。普遍的真理というものが存在しないからだ。すべてが「相対的」という烙印を免れないからだ。もちろん，この主張には制限をつけなければならない。その制限とは第1章で俎上に載せた論理学は除外するということである。

　すでに再三指摘したように論理学の世界は二値的原理が支配している。すべての命題（主張）は真か偽で，中間を排除する。いわばそうした論理学の本質を「排中律」（$P \vee \neg P$）は体現していることになる。「排中律」の破棄，これが日常的＝レトリック的議論の根本的特徴である。日常的＝レトリック的議論は「蓋然的」真理で満足する。「蓋然的」とは「多くのばあい妥当である」ということだ。

　恒真性（恒真的真理）を問題にする論理学では「説得」の必要はない。「証明」すればよい。確かにうまい証明の仕方，まずい証明の仕方はあるけれども，同一の結論に行き着くことに変わりはない。だが，日常的議論ではそういうわけにはいかない。どのように議論を展開するかによって結果は大いに変わる。同じ主張でも説得の仕方によって相手が同意したり拒否したりする。いかにして相手から同意を取りつけるか，日常的議論ではそれが大問題になる。

　「人を見て法を説け」という諺がある。これはそのまま日常的議論にも当てはまる。日常的議論では相手を見て議論の組み立てを考えなければな

らない。相手があまり納得していないようなそぶりを見せたら，手を変え品を変えて働きかける必要がある。

　たぶん数学的＝科学的議論であれば論の組み立てに心を煩わせる必要は余りないだろう。「いかに」よりは「なにを」が決定的な重みを持っているからだ。大切なのは論理の整合性やデータの正確さだ。しかし日常的議論では「配置」（構成）は決定的な意味をもつ。議論をどう組み立てるかによって説得力は天と地の差が出てくる。

　議論を組み立てるに際して，聞き手＝読者を考慮しながら色々とあの手この手を考え出さなければならないのは，ひとえに議論が蓋然性を免れないからだ。しかしながら，このように苦労しながら組み立てられた議論も，たいていは突き崩すことが可能なのだ。しかるべき手順を踏み，体裁もちゃんと調っているのにそれでもなお反論の可能性を排除できない。日常的＝レトリック的議論の宿命である。

　問題は論拠にある。この点をはっきりさせるためにはスティーブン・トゥールミンの議論分析を参照するのが一番よいだろう。

　トゥールミンの考え方は『議論の用法』（1958/1980）と『論証法入門』（1978/1984）によく示されている。前者は理論的著作であり，後者はその成果を2人の共著者とともにやさしく書き直した教科書版だ。

　トゥールミンの議論分析のモデルは法律の論証手続き（立証活動）である。議論の妥当性はなんによってもたらされるのか——トゥールミンは「データ」（根拠）と「主張」（結論）の関係づけ，つまり論証のプロセスを原理的に掘り下げた。その成果は次頁のような図式に活かされている（図式は簡略化してある）。

　この図式を簡単に説明しておこう。
「データ」は「根拠」と呼ばれることもあるが，要するに「主張」の出発点の「事実」だ。提出された「事実」が十分強力であればそのまま「主張」（結論）を導くことができる。日常的議論ではこのケースが多い。

　データだけでは説得力が不足するときに初めて「理由づけ」が必要にな

```
    ┌─────────┐       ┌─────────┐
    │ データ   ├──────→│ 主張     │
    └─────────┘       └─────────┘

              ┌─────────┐
              │ 理由づけ │
              └─────────┘

              ┌─────────┐
              │ 裏づけ   │
              └─────────┘
```

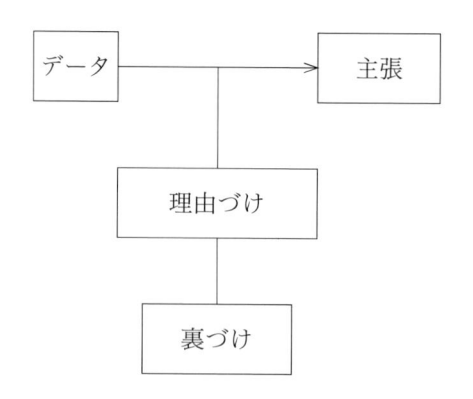

る。データからどうして主張が出てくるのか，データが主張の根拠になる理由を提示するわけだ。日常的議論では相手が「なぜ」と聞き返して来る場合に当たる。「理由づけ」を説明してもまだ相手が納得しない場合にはさらに強力な理由づけが必要で，それを「裏づけ」と呼ぶ。

　このモデルの真骨頂は普段あまり意識されることのない「理由づけ」（論拠）に照明をあてたことにある。

【例題29】まず次の文章を読んであとの設問に答えよ。

《物の中にはそれを造つた人の心，それを所有し，使用してゐる人の心が生きてゐる。譬(たと)へば，親にとつて死児の遺品は決して単なる物とは言へない。自分の子供が愛玩してゐたおもちやは，遺された親にとつて，子供の心と自分の心とがそこで出会ふ場であり通ひ路なのであり，随(したが)つて，それは心の棲家(すみか)なのであります。自分自身の所有品についても，自分が長年の間使つて来た，詰り附合つて来た品物は事のほか愛着を覚え，吾々はそれを単なる物として見過す事は出来ないのです。消しゴムや小刀の様な些末(さまつ)なものですら，そしてそれがもう使ふに堪へなくなつたものでも，むげに捨て去る気にはなかなか成れないものです。この「こだはり」を「けち」と混同してはなりません。それはその物の中に籠められてゐる自分の過去の生活を惜しむ気持であ

つて，吾々はその物を捨てる事によつて自分の肉体の一部が傷附けられ切落される痛みを感じるのであります。

　ましてその物が，自分が生れた時から暮して来た家，子供の頃に登つた柿の木，周囲の山や川，さういふものともなれば，なほさら強い愛着を感じ，自分の肉体の一部どころか，時にはそれが自分の命そのものに等しい感じを懐(いだ)くのであつて，それを私達は「命よりも大事な」とか「命の次に大切な」といふ言葉で表現してゐるのです。さうした自然，風物，建物に対する愛情が愛郷心，愛国心の根幹を成すものではないでせうか。》（福田恆存「物を惜しむ心」）

［１］　筆者は愛郷心・愛国心を何にたとえているか。
［２］　そうした喩えはどんな論拠（理由づけ）に基づいているのか。
［３］　筆者の推論のプロセスをトゥールミンの図式で描いてみよ。

【解】［１］永年使ってきた大切な品物。
　［２］両者が呼び覚ます愛着心（愛情）が似ていること。
　［３］このプロセスは次のように図式化できる。

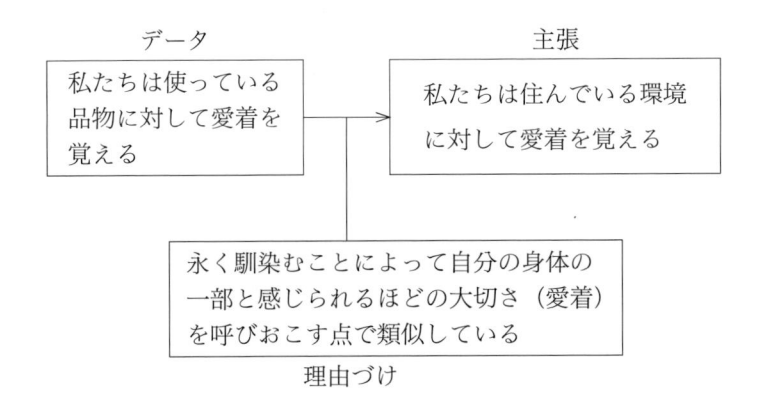

```
      データ                      主張
┌──────────────┐      ┌──────────────┐
│私たちは使っている│      │私たちは住んでいる環境│
│品物に対して愛着を│─────▶│に対して愛着を覚える │
│覚える          │      │                │
└──────────────┘      └──────────────┘
            ┌────────────────────────┐
            │永く馴染むことによって自分の身体の│
            │一部と感じられるほどの大切さ（愛着）│
            │を呼びおこす点で類似している      │
            └────────────────────────┘
                     理由づけ
```

　人と物の間には時として特殊な関係が結ばれることがある。こうした例をレトリックでは「換喩」と呼ぶ。たとえば所有者（人）が被所有物（物）に対して抱くある種の愛着（愛情）。上の文章は人間と物

の間に結ばれる「換喩」的関係への注目が出発点にある（「換喩的推理」については後述，2-2-5）。そして次いで，日常的な身の回りの品への関係と，自然的＝人工的＝文化的環境（自然・風物・建築）との関係の比較へと進む。物に対する愛着と環境に対する愛着。普段は結びつけて考えられることのない２つのものの間に「類似性」が発見される。いわゆる「類比推理」（後出，2-2-2）である。ここに使われている理由づけ（論拠）は「類似性」だ。つまり「同じようなもの」を例示することによって人を説得する議論，例示-論証（後出，3-3-1）に訴えているわけである。

　実をいえば，上の文章は「類似性」の認定だけにとどまらない。さらにもう１つの論証を展開している。それを同じく図式化すれば次のようになるだろう。

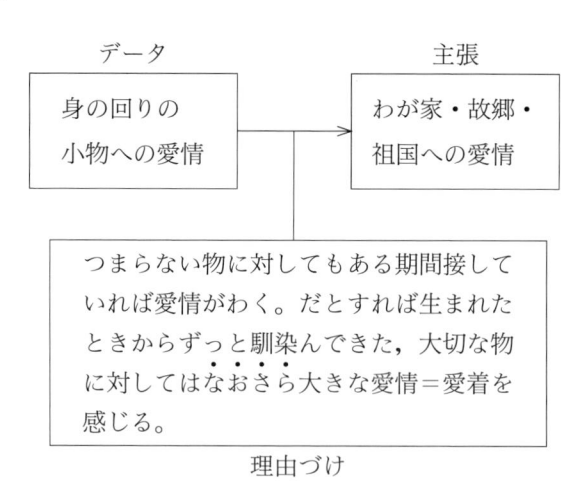

データ		主張
身の回りの小物への愛情	→	わが家・故郷・祖国への愛情

つまらない物に対してもある期間接していれば愛情がわく。だとすれば生まれたときからずっと馴染んできた，大切な物に対してはなおさら大きな愛情＝愛着を感じる。

理由づけ

　ここで使われているのはいわゆる「なおさら-論証」（後出，3-2-3）だ。上の文章は複雑微妙な主題である「愛国心」の必要性・重要性を，私たちにとって分かりやすい「身の回りの品物に対する愛着」を例にとって分かりやすく説明しているわけである。

福田恆存の文章は例示-論証となおさら-論証の合わせ技だということがトゥールミンの議論分析から判明する。こうした論拠の認定＝特定はきわめて重要だ。問題の議論の妥当性を判定するためばかりではなく，それと同時にその議論の欠陥を突き止めるためにも。論拠（論証）が分かれば反論の方途がおのずと見えてくる。

【練習問題32】上の福田恆存の文章に反論せよ（ヒント――「類似性」とか「比較」とかが問題になっている議論では，その「類似性」，「比較」に問題がないかどうかを吟味してみること。この場合であれば身の回りの品物（おもちゃ・消しゴム・小刀など）に対する愛着と，住んでいる環境（家・故郷・祖国など）に対するそれとを問題にする）。

【解】反論するには相手の論拠（類似性・比較）を問題にすればよい。この場合は物に対する愛着と環境に対する愛着が同一視されているので，この両者は別物ではないか，はっきり区別するべきではないか，と論を組み立てる。たとえば，

《物に対する愛着は非常に個人的な色彩が強い。恋人からプレゼントされたハンカチはたとえ安物であっても，たとえ使い古してもその当人にとってはかけがえのない物だ。しかし赤の他人にとってその同じハンカチは薄汚い代物でしかないかもしれない。ごくありふれた物であればあるほどそういうことになるだろう。それにひきかえ，家や故郷，祖国にたいする愛着というものは個人的というよりはもっと集団的，一般的なものだ。そこには精神的なもの，歴史や文化，民族の問題が複雑に絡んでいる。してみればこの余りにも異質な２つのものを同列に論じるわけにはいかないのではないか……》

2-1-2　演繹推理と帰納推理

【例題 30】「スワン（swan）は白い」という命題は「真」であるか。
【解】「偽」である。中世ヨーロッパの人々は帰納推理（旧大陸の観察例）からこの命題は「真」と信じていた。しかしオーストラリアで「黒い」スワンが発見されるに及んで「スワンは白い」という命題は「偽」であると宣告された。「部分」的なサンプルを「全体」に拡大した誤謬推理（不当な一般化）だ。帰納推理にはこの種の誤りは付き物である。

ここまで特に「演繹」と「帰納」をきちんと定義せずに常識的な使い方をしてきた。つまり演繹は一般的な前提から論理的に個的事例を引き出すこと，帰納は個的事例から経験的に別の個的事例あるいは一般的な結論を推し量ること，と。もちろんこれで間違いというわけではないが，もう少し厳密な定義をここで与えることにしよう。

《演繹推理とはすべての前提が真で，かつ結論が偽でありえないような推論，つまりすべての前提が真ならば結論が必然的に真である（＝反例がない）ような推論である。》

《帰納推理とはすべての前提が真であっても結論が必然的に真でない（反例がある）ような推論，つまり前提は結論に対して確率的真（偶然的真）しかもたらさないような推論である。》

演繹では妥当かどうかという形式的側面（論理性）が問題になり，帰納では説得的かどうかという内容的側面（事実性）が問題になる。しかしこの両者は無関係ではない。帰納推理で確証された新しい事実（法則）は演繹推理の論拠（大前提）に取り込まれて，演繹推理を豊かにするだろう。

【練習問題 33】次の論証は演繹的か，帰納的か，判定せよ（ヒント――反

例があるかどうかを考えること）。

［1］ 窓ガラスに大きな石が飛んでくればガラスは割れる。窓ガラスが割れている。だから窓ガラスに大きな石が飛んできたのだ。

［2］ オゾン層が破壊されれば生物は影響を受ける。人間は生物だ。だからオゾン層が破壊されれば人間は影響を受ける。

［3］ 男は浮気である。女も浮気である。ゆえに何かが存在するか，または何も存在しないかである。

［4］ もしも電流がこのコイルに流れていれば，周囲に磁場が生じている。コイルの周囲に磁場は生じていない。従ってこのコイルに電流は流れていない。

［5］ 女性はムードに弱い。K子は知的だけれども女性だ。だからK子はムードに弱い。

［6］ 彼は1メートル80センチ以上の身長である。彼は1メートル70センチ以下の身長である。ゆえに彼は足が速い。

【解】［1］帰納的。反例（偽のケース）があるから。窓ガラスが割れるのは大きな石のせいばかりとは限らない。鉄の棒で叩いたためかもしれない。

　［2］演繹的。形式的にも内容的にも妥当な三段論法である。

　［3］演繹的。この論証には戸惑ったにちがいない。前提と結論のあいだには何の関連性もないし，2つの前提も怪しい断定である。しかし結論はトートロジー（恒真式）なので常に真である以上，前提＝真，結論＝偽という組合せがありえない。だから消極的に演繹的論証ということになる。

　［4］演繹的。この推論は「後件否定規則」で形式的に妥当であり，かつ前提も真である。

　［5］帰納的。「女性はムードに弱い」というのは一般的真理ではない。例外（反例）はありうる。つまり演繹ではない。

　［6］演繹的。［3］と同じように戸惑った人が多いだろう。2つの前提は矛盾している。つまり前提は常に偽である。条件文の真理表（3行目と4行目）を想起しよう（p.22参照）。前件が偽であれば後件の真偽に関わら

ず条件文は真（妥当），つまりこの推論は前提＝偽，結論＝真か前提＝偽，結論＝偽であり，前提＝真，結論＝偽には絶対になりえない（反例はない）ので消極的に演繹的論証ということになる。

2-1-3 通念とは

> 【例題31】次の論証によって「フランス人はワインが好きだ」という通念は否定されるか。
> 　　多くのフランス人はワインが好きだ。
> 　　ピエールはフランス人だ。
> 　　∴ピエールはワインが嫌いだ。
> 【解】たとえ反例があってもフランス人はワイン好きだという通念は依然として正しい。この通念はフランス人のなかにある程度の数のワイン嫌いが存在することをいささかも排除しない。この主張を切り崩すにはフランス人には「かなりの」数にのぼるワイン嫌いが存在することを確実なデータでもって示し，論証（反論）するしかない。それがなされない限り問題の通念は正しい通念であり続ける。

　三段論法の大前提は推論の論拠と見なすことができる。そして論拠は一般的な命題であるのが普通だ。普遍的な命題（数学の規則や科学の真理）だとか，人が守るべき法規（法律や道徳）だとか，広く受け入れられている考え方（経験則）だとか。要するに，大前提は多くの人が共有する判断（通念）にほかならない。それを信じているからこそ私たちは三段論法を駆使しながら推論し，重要な結論を下すことが可能になる。通念の多くは確実な根拠はないにもかかわらず多くの人が漠然と，また当然のこととして受け入れている考え方だ。真実のように必然的なものではないけれども，ほとんどの場合当てはまるものだ。言い換えれば「ありそうなこと」，

「本当らしいこと」,「確からしいこと」だ。通念は「疑わしいもの」(偽)と「必然的なもの」(真)の中間に位置している。もちろん「必然的なもの」のほうへ傾斜しながらではあるけれども。その中間地帯は哲学や論理学で「蓋然性」と呼ばれる領域だ。通念とは蓋然的知であり，暗黙の前提のことである。

　上の例題でも明らかなように，通念には「アバウトさ」がある。アバウトなものは例外を許容する。少しぐらいの反例ではびくともしない。通念は大部分のケースに当てはまればよいのだから。この点が演繹推理と異なるところだ。たとえば「人はすべて死ぬ」という命題はもしも反例が1つでも挙げられれば——1人でも「死なない人」がこの世に存在すれば——否定されてしまう。それにひきかえ，蓋然的な議論はいつでも反論可能だが，否定することもまた難しいのである。

【練習問題34】諺（格言）を私たちはよく判断の根拠とする。しかし諺のなかには「人を見たら泥棒と思え」と「渡る世間に鬼はなし」のようにお互いに矛盾し合うような内容のものがある。ほかにどのような例があるか，出来るだけ挙げよ。またどうして矛盾する諺が両立しうるのか，その理由を説明せよ。

【解】たとえば次のような諺（格言）のペアが挙げられるだろう。

　嘘つきは泥棒のはじまり⇔嘘も方便
　善は急げ（思い立ったが吉日）⇔急がば回れ
　喉もと過ぎれば熱さを忘れる⇔羹に懲りて膾を吹く
　初めが肝腎⇔終わりよければすべてよし
　亀の甲より年の功⇔麒麟も老いては駑馬に劣る
　君子危うきに近寄らず⇔虎穴にいらずんば虎子を得ず
　すまじきものは宮仕え⇔寄らば大樹の陰
　あとは野となれ山となれ⇔立つ鳥跡を濁さず

好きこそものの上手なれ⇔下手の横好き
　大器晩成(せんだん)⇔栴檀は双葉より芳(かんば)し

　見られるように，諺（格言）はまったく矛盾するようなことを平気で述べている。しかし世間の人はこの事実をちっとも意に介さない。これは一体どうしてなのか。答えは簡単だ。そんな必要がまったくないからである。諺は経験則（帰納的判断）の集成である。多くの場合に当てはまればいい。人は個々の場面にふさわしい諺を引きあいに出す。要は目の前の事態に対処できればよいのである。他の事態には別の諺が用意されているだろう。人は諺（格言）に普遍妥当性（真理）を求めてはいない。諺は本質的にプラグマティックなものである。

2-2　レトリック的推論

　こんなふうに論拠としての通念という問題を詮索するうちに私たちは，そういえば日常的議論では通念におんぶした，妥当でない推論（帰納推理）を平気でおこなっていることに思い当たる。しかもそれらは遠慮がちにというのではなく，まさに大手を振ってまかり通っている。私たちの判断・認識において非論理的な推論は非常に重要な役割を果している。
　形式的には問題のある，しかし世間で通用している主要な推理のパターンをこれから俎上に載せてゆくことにしよう。

2-2-1　直接的類似性に基づく推論——比較推理

【例題32】次の論証を評価せよ。
　　文部科学省の役人は国家公務員である。
　　一郎は国家公務員である。
　　∴一郎は文部科学省の役人である。

【解】この推論は3つの命題はすべて真であるが，推論形式は妥当でない。この場合はたまたま結論が真となったが，偽のケースもありうる。たとえば国土交通省の役人である可能性もある。つまりこの推論は帰納的である。そのことをベン図で確かめてみよう。

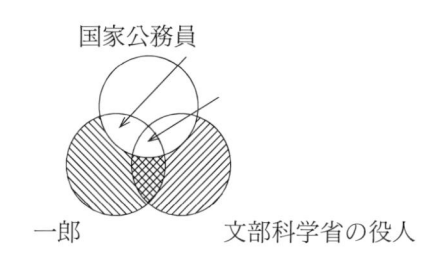

（図：国家公務員・一郎・文部科学省の役人の3つの集合のベン図）

ベン図は2つの可能性を示唆している。一郎は文部科学省の役人であるかもしれないが，他の省の国家公務員であるかもしれない。結論は蓋然的だ。故にこの論証は妥当ではない。

このタイプの推論――実は「中名辞-条件」に違反する三段論法である――は日常的議論（比較推理・類比推理）ではしばしば登場する。もっともらしい例と嘘っぽい例を挙げておこう。

　よい知事は県民のために働く。
　わたしは県民のために働いている。
∴わたしはよい知事だ。

　英雄は色を好む。
　わたしは色を好む。
∴わたしは英雄だ。

以上の3例は類似性（「国家公務員」「県民のために働く」「色を好む」）に基づく議論である。

類似性に基づく論証は一般的にいえば次のような形式をとる。

　　対象 x は A，B，C……Z の属性をもつ。
　　対象 y は A，B，C…… の属性をもつ。
∴対象 y もまた Z の属性をもつ。

　ただ，類似性（A，B，C）は 2 つに分ける方がよいだろう。つまり直接的類似性と間接的類似性である（以下，「類似性」（カッコ付き）で間接的類似性を表現することがある）。約言すれば，直接的類似性とはある女性とある女優の顔が似ているというような具体的＝物理的な類似性であり，間接的類似性とは人生を芝居に見立てるというような体系的＝構造的類似性である。直接的類似性は「似ている」ものの間に見られるそれであり，間接的類似性は「似ていない」ものの間に見られるそれである。直接的類似性に基づく推理を「比較推理」，間接的類似性に基づく推理を「類比推理」（アナロジー）とそれぞれ呼ぶことにする。
　この 2 つの推理ではなにをもって「似たもの」と判定するか，基準の設定が決定的なファクターとなる。
　比較推理は特に法律の世界で大きな役割を果たす。なぜなら多くの判決は過去の「似た」判決（前例）に基づいて下されるからだ。比較推理は公平-論証やなおさら-論証と深く関わっている（3-2-1，3-2-3 参照）。

【例題33】次の事例を読み，あとの質問に答えよ。
《ある対象 x が採取された。どうやらそれは昆虫らしく思われるが，その判断に自信がない。そこで昆虫の特徴（属性）を調べてみた。すると次のような色々なことが分かった。
　（1）　小型である
　（2）　三対の脚がある
　（3）　陸生である
　（4）　一対の触覚がある

（5）翅がある

（6）卵生である

（7）体が頭，胸，腹の3部分に分かれている……》

対象xが上の7つの条件のどれを満たしていれば昆虫と同定できるか。

【解】これらの特徴は重要度において軽重がある。たとえばxが（1）（3）（5）（6）という4つの特徴を全部もっていたとしてもxを昆虫と同定することは無理だ。しかしながら（2）（4）（7）のなかの1つの特徴を持っていれば昆虫である可能性は極めて高い。比較推理では本質的な類似性に的を絞らなければならない。

【練習問題35】次の推論は正しいか。

［1］ デパートで売っていた大きくて白いキノコは美味しかった。今日，森で採ってきたキノコも大きくて白い。きっと美味しいだろう。

［2］ この動物は大型で，4つ足で，体毛でおおわれ，尻尾がある。従って馬と同じく草食動物にちがいない。

【解】［1］も［2］も外見的な類似性に基づく比較推理で間違っている可能性がある。［1］は毒キノコかもしれないし，［2］は肉食動物かもしれない。

2-2-2　間接的類似性に基づく推論──類比推理

【例題34】次の主張の問題点を指摘せよ。

《個人にも誕生日がある。それなら国にも建国記念日があってもいいではないか。》

【解】ここには国と個人を「似たもの」として捉える類比推理が働いている。個人と国を同一視することはこの場合妥当であるか。個人の

誕生日は戸籍を見れば確認できる。しかし国の「誕生」はいつと特定できるだろうか。立場によっていろいろと解釈が異なる可能性があり，問題がある。

　類比推理（アナロジー）は，福田恆存が愛国心を論じた文章にすでに出てきた（p.90）。類比推理の出発点は「類似性」の発見である。「類似性」はすでに確認したように体系的＝構造的である。言い換えれば「関係の類似性」が問題になる。次の推論を見てみよう。

　キツネはだます。
　あの女はだます。
　∴あの女はキツネだ。

この推論では「あの女」とキツネは「だます」という点において似ているとされているわけだ。この推論においては「だます」という属性（類似性）がデータ（根拠）の役目を果たしている。しかし，この推論の隠された大前提（理由づけ＝論拠）である「キツネはだます」（「キツネはずる賢い動物である」）という命題は恒真的と言えるだろうか。そうではあるまい。キツネに対してプラスの評価を下す人々がいるかもしれない。キツネは文化により時代により民族により地域によりさまざまな受け取られ方をするはずだ。私たちの言い方では「通念」の数だけキツネ像のバリエーションがありうる。類比推理の根拠である間接的類似性は極めて危ういものであることは肝に銘じておかなければならない。

【練習問題36】 神（キリスト教的唯一神）をめぐる次の論証は正しいか。《建物を造るには制作者が必要である。この世界は複雑・精緻な建物である。だからそれを造った偉大な制作者である神が存在するはずだ。》

【解】建築と世界創造をパラレルと捉えることはできるか。世界を建築物と見なすことは妥当か。仮にその見立てが妥当であるにしても，建築の場合は設計図に従って大勢の人たちが参画する共同作業だ。しかし世界創造は全知全能の造物主の単独行為である。いずれにせよ，この類比推理（神の存在証明）は問題がある。

　しかしながらその一方で，類比推理の「発見的」役割も忘れてはならない。類比推理は常識的には似ていないと思われている事物の間に「類似性」を発見する推論である。同じカテゴリー内の事物の間で働く比較推理と違って，類比推理は異なるカテゴリーに属する事物の間で働く。それはカテゴリー横断的＝越境的推論（飛躍）である。類比推理は関係がないと思われていた事物の間に「新しい関係」を設定する。

　想像力をめぐらせると，この世界の事物間には思いもかけなかったような関係が結ばれる。それは新しい視点から世界を見ることだ。類比推理は世界を見る新しい視点を提供する。かけ離れた事実の間に意外な関係，「類似性」を見いだすこと，それは「発見的」認識である。「リンゴと月の関係」に留目したニュートンについてカール・セーガンは次のような短いコメントをするが，その意味は重い。

　「この世が始まったときから，物はずっと落ち続けてきた。月が地球のまわりをめぐっていることは，人類史が始まって以来，信じられてきた。しかし，この2つの現象が同じ力によるものだということを初めて知ったのはニュートンであった。」（木村繁訳『コスモス』）

　発見的な認識の鍵は「類似性」への鋭いセンスだ。この問題に関連しては丸谷才一の「よい仮説」を立てるコツが参考になるだろう。

《コツはいろいろあると思いますが，ここではまず，多様なものの中に，ある共通する型を発見する能力，それが仮説を立てるコツだと言っておき

たい。

　さまざまな外見をしているものの中に共通する点を見抜く，外見に惑わされずに，これは同類なんだということを発見する，そういう力を持っているとうまく行くようですね。

　たとえば柳田國男。平将門の祟りを恐れる民衆がつくった将門塚，菅原道真を祀る天神信仰，佐倉惣五郎……。そういう祟りにまつわるさまざまな信仰を見て，彼は「これは御霊信仰である」とまとめた。

　こういうことが大事なんですね。ぼんやり見てると，平将門も菅原道真も祟る，佐倉惣五郎まで祟る，「日本には祟る人がずいぶん多いなあ」と漠然と思うだけになってしまう。それじゃ何にもならない。それを「御霊信仰」と一括して同類項でくくった。これがすごい発見なんです。》（『思考のレッスン』）

　ここで問題になっている「類似性」は「体系的＝構造的類似性」にほかならない。まさしくここには発見の方法としての類比推理の見事な実例が示されている。

　むろん類比推理は成功例ばかりではない。失敗例も多い。むしろ類比推理はもともと形式的に妥当ではない推論であるから失敗の危険を多分にはらんでいる。類比推理に従う場合は慎重でなければならない。

【練習問題37】 次の文章を読み，あとの設問に答えよ。
《自然科学者たちが誤謬を犯すのはいかなる場合であるか。それは類推類比を論理だと考える場合である。ここにそのほとんどの誤謬が集中する。1つの例を挙げよう。私が京都帝大に入学した時，当時の総長，天文学者新城新蔵博士は一場の講演をなし，「天皇制や，日本の家父長的家族制度がいかに天地の必然の理（ことわり）であるかは太陽系が，太陽を中心として諸惑星がそのまわりを廻っていることからもわかる」と論じた。私は唖然として，

新城博士の非常識さに驚いたものである。自然科学者はこのような類比を非常に多く使用し，これを論理のごとく考えて満足する。そして自然科学者は自然において成功を収め社会については失敗する。それはどうしてであろうか。

　類比はたしかに優れた発見的方法である。ほとんどあらゆる発見は類比によって端緒がつかまれる。その意味で類比は確かに何らか論理的なものをもっている，といわなければならない。類比はしかし必ずしも成功するとは限らない。その意味で類比は論理ではないことも明らかである。》（武谷三男「科学と技術」，強調引用者）

　問題の天文学者の推理はどこに誤りがあったのか。傍点部分に注意して説明せよ。

【解】類比推理で問題になるのは類比される２つの事物（事象）があまりにもかけ離れている場合である。太陽系の惑星が「万有引力の法則」で太陽を中心に整然と秩序正しく運行しているのは自然界の出来事である。天皇制や日本の家族制度は日本の歴史や文化が産み出した制度（人事）である。自然の理と社会の理はまったくの別物である。自然の「論理」を社会の「論理」に横滑りさせることは無理がある。つまり《天皇（家父）：国民（家族）＝太陽：惑星》という図式（比例関係）は成立しない。問題の天文学者の推理には論理の飛躍がある。

2-2-3　「関連性」に基づく推論(1)──「逆」推理

　日常的議論における広義の「原因―結果」，「手段―目的」，「理由―帰結（行為）」は条件文（p⊃q）のバリエーションと考えて差し支えない。

　「pだからq」という理由（原因）文は，条件文p⊃qの前件pが真であると前提された場合に成立する。言い換えれば，理由（原因）文は「(pならばq，かつ)pだからq（が帰結する）」（p⊃q, p　∴q）という前件肯定規則の推論プロセスを簡略化した表現にほかならない。

ところで目的は「先取りされた結果」、理由は「心理的原因」と見なしうるから「手段―目的」と「理由―帰結」はいずれも「原因―結果」に還元できることになる。

要するに「原因―結果」、「手段―目的」、「理由―帰結」に基づく推論の問題点はすでに見た条件文にまつわるそれに帰着する。つまり「前件否定の誤り」(「裏」推理)と「後件肯定の誤り」(「逆」推理)だ。すでに指摘したようにこの２つの誤りは通底関係(対偶)にある。

【例題35】「服装の乱れは非行につながる」という生徒指導の原則がある(あった？)が、これはどのような推論を拠り所として得られた結論か、説明せよ(ヒント――問題の推論は帰納的推論である)。

【解】「服装の乱れは非行につながる」という命題は次の２つの推論から引き出されている。

(1) 心が乱れているならば服装が乱れる(＝心が乱れているから服装が乱れる)。

(2) 服装が乱れているならば心が乱れている(＝服装が乱れているから心が乱れている)。

(1)も(2)も共に「非論理的」推論である。服装が乱れた(？)生徒でも非行に走らないケースはいくらでもあるし(服装は自己表現の１つ)、非行の原因は服装の乱れのほかにいくらでもある(勉強についていけない、親子関係がうまくいっていない、悪い友人がいる、など)からだ。上の２つの命題は蓋然的ではあるけれども、しかしながらある種の説得力があることも確かだ。だからこそ校則で生徒の服装を規定する学校が多いのだ(あるいは多かったと言い直すべきか)。

なぜだろうか。それは多くの観察事例から引き出された結論であるからだ。非行に走る生徒には服装の乱れた生徒が多いという観察結果である。つまり上の命題は帰納的確率が高いと判断されたわけだ。いわば経験則である。形式的には問題があるが、事実に裏づけられた命

題（推論）と見なされたわけである。

【例題35】のなかの(1)と(2)は「逆」の関係にある。すでに問題にしたように「逆」推理は妥当でない推論，偽でありうる推論である。したがって「逆」推理に頼る場合は十分に慎重でなければならない。上の例の場合は観察事例の多さが「逆」推理の確実性を保証している。「逆」推理の確率を高めるにはとにかく観察事例を多く集めることである。

ただ，そうはいっても世の中には観察事例を増やすことができないケースもある。たとえば一回きりの出来事の原因（理由）を究明する場合である。名探偵シャーロック・ホームズの例を考えてみよう。

ホームズは依頼人や友人のワトスン博士をその正確な推理でたびたび驚かせるが，その出発点には細かい観察がある。「まだらの紐」のなかでも朝早く駆けつけた若い女の依頼人をその推理でびっくりさせる。

【例題36】次の文を読みホームズの推論のプロセスを分析せよ。
《「けっしてご心配はありません」と前こごみになって彼女の前腕を軽くうちながら慰めた。「大丈夫，じきに万事解決してあげます。今朝汽車でお着きになったんですね？」
「では私をご存じでいらっしゃいますの？」
「いいえ，そうじゃありませんけれど，あなたの左の手袋の掌に，往復切符の帰りの分が見えますから。ステーションまでは小さい二輪馬車でいらしたけれど，遠いうえに道が悪いから，かなり早くお宅をお出になったのでしょうね？」
婦人はいたく驚いた様子で，不思議そうにホームズの顔をまじまじとながめた。
「いや，べつに不思議はないのです」とホームズはにこにこしながら，「あなたのジャケットの左の腕には，ちょっと見ても7つ以上ははねがあがっています。しかも新しいはねです。そういうところへは

ねのあがる乗りものといえば，二輪馬車に乗って，馭者の左がわへ腰をおろしたときにかぎるのです」
「その理由はともかく，おっしゃることに間違いはございません。(……)」》（延原謙訳『シャーロック・ホームズの冒険』）
【解】ここでのホームズの「逆向きの推理」(『緋色の研究』)，「結果から原因にさかのぼる不思議な分析推理」(『四人の署名』)のプロセスを分析してみれば次のようになるだろう。

　　人が二輪馬車で馭者の左側に座れば（p），その人の左の腕に新しい多数のはねが出来る（q）。（仮説）
　　この婦人の左の腕に新しい多数のはねが見える（q）。
　∴この婦人は二輪馬車で馭者の左側に座ったのだろう（p）。

　この推論は明らかに「後件肯定の誤り」を犯している。しかしこの種の妥当でない推論，「逆」推理は日常生活でしばしばおこなわれる。そしてかなりの場合正しい。問題のホームズの推理も多くの人が承認するはずだ。どうしてだろうか。
　先ほど見た推理（服装の乱れ≒非行）が許容されたのは観察事実の量的重みであった。しかし今度は観察事実の特殊性・例外性が問題になる。観察された事実（帰結）が普通はほとんどありえない事態を示していれば，それをもたらした仮定の真実性（正しさ）を予想させる。観察事実が特異であればあるほどそのことは言える。
　どうしてか。観察事実が特異であるということはそうした事実が観察される可能性がはなはだ少ないということを意味している。上の例でいえば「人の左の腕に多数のはねが出来る」（q）ということはそんなにちょくちょく起こることではない。だから普通は「人が二輪馬車で馭者の左側に座る」（p）という事態はほとんどないと想定されている。つまり「人が二輪馬車で馭者の左側に座ることはないから，人の左の腕に多数のはねが出来るということはない」（$\neg p \supset \neg q$）

という前提が暗に想定されているわけだ。この暗黙の前提は対偶をとれば「人の左の腕に多数のはねが出来るならば，人が二輪馬車で馭者の左側に座ったからだ」（q⊃p）になる。「人の左の腕に多数のはねが出来ている」（q）が観察されれば前件肯定規則によって「人が二輪馬車で馭者の左側に座った」（p）が導かれる，つまり仮説の正しさが証明されることになる。
　　特殊な観察事実は仮説を保証する。

　たくさんの事例が仮説を確証するというケースも勿論あるが，それについては贅言を控えよう。ただ仮説の検証で注目すべきは反例が目撃されたときである。このときは仮説はただちに否定される。なぜなら「後件否定規則」により後件の偽は前件の偽を導くからだ（￢q⊃￢p）。
　最後に「逆」推理についての注意を定式化しておこう。
「逆」推理は非妥当な推論であるが，以下の(i)か(ii)の条件を満たすときは信憑性が高まる。
　(i)　仮説（仮定）が多くの事例で検証される。
　(ii)　仮説（仮定）により導かれた帰結が特殊で，かつその帰結が検証される。

2-2-4　「関連性」に基づく推論(2)――「裏」推理

【例題37】教育ママが子供に，「お兄ちゃんは勉強しなかったからいい学校に入れなかったでしょ。だからあなたはよく勉強するのよ」と言ったとしよう。この説得はどんな推論に基づいているのか，説明せよ。
【解】ここには次のような推論が働いている。《勉強しなかったからいい学校に入れなかった／勉強すればいい学校に入れる》すでに検証したように「裏」（前件否定）に基づく推論は妥当ではない。しかしな

がら「逆」推理ほどではないが「裏」推理も日常的議論ではよく姿を見せる。

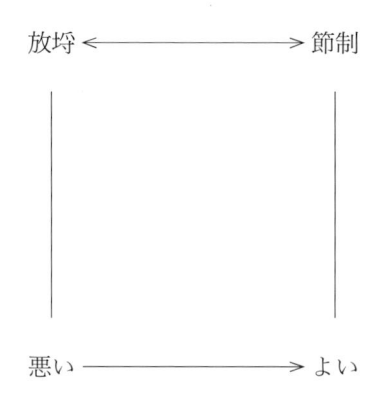

「裏」推理は「否定」という形ばかりでなく，「対概念」の措定という形で現れることも多い。この論証の要諦は問題になっている対概念が「矛盾関係」（非両立的否定関係）を構成しているか，どうかである。たとえばアリストテレスは『弁論術』のなかで「節制あることはよいことである。なぜなら，放埓であることは害をもたらすから」を例に挙げている（アリストテレスはこの論証を「相反するもの」に基づく推論と呼んでいる）。ここでは放埓と節制が「矛盾関係」（正反対の関係）におかれて，節制がよいことを主張するために，節制の反対観念である放埓の悪いことが拠り所とされているわけである。

放埓 ←――――――→ 節制
｜　　　　　　　　　｜
｜　　　　　　　　　｜
｜　　　　　　　　　｜
悪い ――――――――→ よい

「反対に基づく論証」は問題の多い論証であるが，日常的場面ではよく出会う。

　次に写すのは，雪と氷の研究で知られる世界的物理学者・中谷宇吉郎の随筆「語呂の論理」からのものだ。科学者も人を説得しようとすると，ついレトリック的論証に訴えてしまう事情をよく物語っている（文中の「語呂の論理」は「実証的でない論理，非論理的な論理」というほどの意）。

　《この3，4年来，日本の気候医学の方面で，空気イオンの衛生学的研

究が一部で盛（さかん）に始められた。或る大学の研究室では，陰イオンが，喘息や結核性微熱に対して沈静的に作用するという結果を得て，臨床的にも応用するまでになっていた。そして陽イオンはそれと反対に興奮性の影響を与えるということにされていた。ところが他の大学の研究では，イオンの生理作用は，陰陽共に同一方向の影響があって，ただその作用の程度が，イオンの種類によって異（ことな）るという実験的結果が沢山出て来た。それで学会で，これら2系統の論文が並んで発表された時には，勿論盛（さかん）な討論が行われた。或る理由でその席上に連（つらな）っていた私は，その方面とはまるで専門ちがいなので極めて暢気に構えて，その討論を聞いて面白がっていた。その中にはこういうのもあった。「陰イオンが沈静的に働くということは，既に臨床的にも沢山の例について確証されている。これは実験的の事実である。それが事実とすれば，陽イオンがその反対に，興奮的に作用するということもまた疑う余地がない」という議論が出て来たのである。これなどは，正しく語呂の論理の適例であろう。》（強調引用者）

【練習問題38】次のジョークの落ちを説明せよ。
《とあるパリの広場。
　1人のホームレスが通りすがりの紳士にお金を無心した。
　——お金はあげないことにしよう。金をやったら，きみはすぐに飲んでしまうに決まっている。
　——いいえ，あたしは酒は一滴もやりません。
　——それじゃ，バクチですっちまうさ。
　——それがバクチは生まれてこの方やったことがありません。
　——ふむ，ふむ，わかったぞ。女に入れ上げたんだな，きっと。
　——女なんて，母親以外ふれたこともありません。
　紳士は呆気にとられてしばらくホームレスをまじまじと眺めていた。しかし急に膝をたたいて，

――うん，そうだ。礼金はたっぷり弾むからこれからすぐ家へ来てくれ。そして，男に道楽がなかったらどこまで落ちるか，どんなに惨めな境遇が待っているかを，女房によく説明してくれないか。》
【解】この紳士はたぶん「飲む，打つ，買う」という三拍子そろった道楽者なのだろう。そして日頃奥さんにそのことで嫌みを言われているのだろう。彼は目の前のホームレスに「無道楽者の不幸」の好例を見る。その論理は次のようだ。《道楽をしないと惨めな境遇になる。反対に，道楽をすればよい境遇になれる。》もちろん，これは詭弁（前件否定の誤り）である。詭弁を真理だと思い込んでいる紳士のうかつさがこのジョークのミソである。

2-2-5 「関連性」に基づく推論(3)――「換喩」的推理

【例題38】ウェスパシアヌスは優れたローマ皇帝（在位69-79）だった。善政をおこなったが，その一方で厳しい税の取り立てをしたことでも知られる。皇帝は共同便所にまで税を課したが，その理由として「金に臭いはない」という名言を吐いたとか。ウェスパシアヌスは人間のどんな推論のパターンを標的にしたのか，説明せよ。

【解】人間は継起＝共起する事象の間に勝手に「ある関係」を読み込んでしまう傾向がある。汚いものには汚いものが，きれいなものにはきれいなものが連想されやすい（純情な少年は初恋の少女が「用を足す」なんて思わないだろう）。相手に好意（悪意）を持っていれば相手のすべてがよく（不快に）見える。「あばたもえくぼ」，「坊主憎けりゃ袈裟まで憎い」はそんな人間の心理の機微を衝いたものだ。

普通の人間は，便所は臭く不潔なものというマイナスのイメージがあるのでそこから得られる金も不潔だという観念をもつ。だからそこから税を取り立てようなどとは思いもしない。しかし，便所の臭さと

お金は本来まったく関係がない。ウェスパシアヌスは冷徹な合理主義者の目で人間が陥りがちな根拠のない連想の死角を衝いたわけである。

　レトリックに「換喩」という文彩（言葉の工夫）がある。2つの事物の間に有意味的な関係が目撃されると両者が分かちがたく結ばれ，対のものとして受けとめられるようになる。たとえば（《…》は含意），

① 全体—部分〔「大陸」⊃《中国》,「帆」⊃《帆船》〕
② 入れ物—中身〔「お銚子」⊃《日本酒》〕
③ 産地—産物〔「西陣」⊃《西陣織》〕
④ 原因—結果〔「筆を執る」⊃《書く》,「欠伸が出る」⊃《退屈》〕
⑤ 主体—属性（特徴）〔「白バイ」⊃《白バイに乗っている警官》,「葵の紋」⊃《徳川家》〕
⑥ 作者—作品〔「シェイクスピア」⊃《シェイクスピアの作品》,「ホンダ」⊃《ホンダの車》〕
⑦ 所有者—物〔「ベンツ」⊃《金持ち／暴力団関係者》〕

　換喩のパターンについてはいろいろな分類がありうる。ここではほんの一例のつもりで上の案を挙げた。換喩は事実世界と深く関わる文彩であり，そこにはさまざまな「関係」が目撃される。要するに2つの事物がなんらかの関係下で「有縁的なもの」として結合されることである。たとえば「甲子園の土」などつまらぬものであるが，春や夏の大会に出場した高校生にとっては一握りの土が《甲子園》を体現することになる。
　上の挙例のなかで条件記号（⊃）を使ったのは然るべき理由があってのことだ。私たちの理解では換喩はまさしく「条件文」（含意）にほかならない。ただし，この条件文は蓋然的である。「お銚子」は「日本酒」を表すこともあるが，お銚子そのものを指すこともある。してみれば「換喩」

ははなはだ心許ない「条件文」ということができよう。本来「関係がない」2つの事物の間にそのような「有縁的」関係を設定したのは人間（当事者）の思惑にしかすぎないのだから，当然といえば当然なのだが。

「換喩的」条件文は心許ない推論であるが，実は「暗黙の前提」（補助前提）が強力な助っ人になっている。「お銚子」⊃《日本酒》の場合を例にとれば，たとえば「お銚子」という言葉が「居酒屋で」発せられたら「日本酒」を表す可能性は極めて高い。しかしながらデパートの食器売場で口にされたらお銚子そのものを指すだろう。今ここで問題にしている前提と条件文の関係は論理学でいう「演繹定理」と関連している。無理を承知で「演繹定理」を嚙み砕けば「AとBからCが導かれるならば，Aを前提化することによって条件文B⊃Cが成立する」と定式化することができるだろう。これを今のケースに当てはめれば「居酒屋」（A）と「お銚子」（B）とから「日本酒」（C）と言えるなら，「居酒屋」を前提として「お銚子は日本酒を含意する」と言える。ここでいう前提は「コンテクスト」（発話環境）と言い換えても差し支えない。「換喩的」条件文は暗黙の前提（補助前提）が省略されたものと見なすことができるだろう。

　この種の推論は日常的生活でよく出会う。こうした「有縁性」に基づく推論を「換喩的推理」と呼ぶことにしよう。

　私たちは人を外観で判断する。優しそうな顔をしている人は心も優しいと推論する。悪相の人を見れば心も凶悪なのではないかと不安を覚える。事実は全く逆だったということは大いにありうる。これは入れ物（顔）で中身（心）を推し量る推理である。

　京都の女性と聞くとしとやかでおっとりした女性を想像する。東北の男性と聞くと朴訥で質実な男性を想い浮かべてしまう。これは産地（出身地）で産物（人）を判断しているのだ。

　社会的地位の高い人は人柄も立派で，その発言も信用できると判断する。これは原因＝作者（人物）で結果＝作品（言説）を判断しているのだ。

換喩的推論を前にしたときはくだんの2つの事物の間には本当に「有意味的な」関連性があるのかどうかを問う必要がある。

【練習問題39】次のジョークの落ちを説明せよ。
《「人参は目の病気に一番よい野菜です」と田舎の眼科医が患者に言った。
　——なんでそれを知っているんです？
　——簡単なことです。あんたは眼鏡をかけたウサギを見たことがありますか。》
【解】ここには，ウサギ＋人参（ウサギは人参が好き）と近眼＋眼鏡（目の悪いものは眼鏡をかける）という2組の換喩的ペアーが見られる。これが出発点（大前提）だ。次にウサギは絶対に眼鏡をかけていない事実からウサギは目がよいという推定がなされる。そして，ウサギは人参をよく食べるから，人参が目にいいのだという結論が導き出される。「有意味的な」関連性がない事象の間にもっともらしい因果性を読み込んでしまった田舎医者の愚かさを諷したジョークである。

3 論証と反論

3-1 論証の型

3-1-1 論証の無意識性とその効用

　第1章では「論理学から」推論の問題に光を当てた。第2章では観点を変えて「レトリックから」同じ問題に光を当てた。そこで明らかになったことは恒真性を求める論理学と蓋然性で満足するレトリック（日常的議論）の論理に対するスタンスの違いである。このスタンスの違いは前者の演繹推理，後者の帰納推理という形で体現される。

　ここで私たちは1つの大きな疑問に逢着することになる。論理学をよしとするか，レトリックをよしとするか。恒真的な形式性（二値性）をとるか，蓋然的な実質性（多値性）をとるか。

　しかしながらこの設問の仕方は実は間違っている。論理学か，レトリックかではなくて，論理学もレトリックもと言い換えるべきだろう。あるべき推論は論理学の厳密性とレトリックの柔軟性を合わせ持つべきだからだ。私たちは以下，それを「論証」と呼ぶことにする（以下，「論拠」という言い方もするが，論証とほぼ同じ意味である。厳密にいえば論証は「ある論拠に基づいて論を展開するプロセス全体」を指すけれども，実際には論拠が決定的な役割を果たしているので論拠を問題にすれば事足りてしまうケースが多いからだ）。論証は「説得」的要素と「証明」的要素を合わせ持つ。それは論理学の形式性（厳密さ）とレトリックの実質性（アバウトさ）を求めることになるだろう。

　ところで，日ごろ私たちは論拠をはっきり意識化しているのだろうか。
　確かに議論の実際は無限にありうるが，論拠にはあるパターンが目撃さ

れる。いずれにせよその数はそんなに多くはないことが予想される。ところが，不思議なことに論拠はふだん意識されることがほとんどない（すでに問題にした通念の暗黙性を想起すること）。それだけではない。人はそれと知らずに器用に論拠を使いこなしてさえいる。

　たとえばこんな状況を想像してみよう。小さな子供が「A君もB君もC君もテレビゲームをもっているからぼくにも買ってよ」とあなた（親）にねだったとする。この子どもは自分がどんな論拠に訴えているのか，もちろん知りはしない。大人だってあらたまって聞かれたら答えに窮するにちがいない。ちなみに，いま問題になっている論拠はなにか，あなたは答えられるだろうか。答えられなくとも別に恥じる必要は微塵もない。論拠とはそうしたものなのだ。ちなみに，答えをいえば，くだんの論拠は「同じようなものは同じように扱わなければならない」という，いわゆる「公平原則」である（後出，3-2-1）。

　相手の論拠がはっきり認定＝特定できればその対応もおのずから決まってくる。この場合であればA君やB君やC君と自分の子供が「同じでない」ことを言い含めればよい。たとえばA君やB君やC君の家庭との経済状態の違いだとか，あるいはほかの子との年齢の違いだとかを指摘する。子供がはたしてそんな理由で引き下がるかどうかはこのさい別の問題だが。もちろん，そんなことをいちいち意識せずとも世の親たちは経験則でうまく対処している。けれども，問題の論拠を知らない場合よりは知っている場合のほうが適切に対応できるということは確実に言えるだろう。

　こんな身近な例からも論拠を問題にすることの重要性が納得されるだろう。論拠をきちんと押さえることは立論する（議論を組み立てる）にせよ反論するにせよ，非常に有益である。

3-1-2　論証のパターン

　すでに指摘したように，実際の日常的議論はさまざまな形をとりうるが，それを導く論証の型（パターン）はおのずとその数に限りがある。だ

が，その数は果たしていくつに絞り込めるのだろうか。

　実のところ論証の型をいくつに絞るかは難しい問題で，論者の意図（分類目的）によって変動がありうる。分類があまり細目にわたると判別が微妙になり，実際的でなくなる（分類のための分類に堕す可能性がある）。また，そうかといってあまり大まかな基準を採用すると，分類する意味がなくなってしまう。立論するにせよ反論するにせよ，論拠の認定＝特定こそが最大のポイントだとの認識に立つ私たちとしては実際的な観点から次のような論証の分類法を提案したいと思う。

Ⅰ　準論理的論証：
　（ⅰ）　公平-論証
　（ⅱ）　定義-論証
　（ⅲ）　なおさら-論証
　（ⅳ）　非両立-論証
　（ⅴ）　両刀論法
　（ⅵ）　背理法

Ⅱ　事実的論証：
　（ⅵ）　例示-論証
　（ⅶ）　因果論-論証
　（ⅷ）　権威-論証
　（ⅸ）　人物-論証

　上の分類について少しコメントを加える。

　（Ⅰ）はその論拠が論理学に由来するものである。ただ論理学そのままではなく，かなり改変を蒙っているので「準論理的論証」と呼ぶことにする。公平-論証と定義-論証は「同一律」，なおさら-論証は「推移律」，非両立-論証・両刀論法は「排中律」にそれぞれ関係している。

　（Ⅱ）は事実世界と関わる論証である。その論証が事実から出発するものと，事実へ向かうものとに分かれる。因果論-論証，人物-論証，権威-論

証が前者であり，例示-論証が後者である。

それでは以下，順を追って見てゆくことにしよう。

3-2 準論理的論証

3-2-1 公平-論証

「公平原則」による論証は伝統的レトリックで「同一理由による議論」と呼び慣わされていたものだ。「公平原則」とは「同じ本質的範疇に属するものは同じ待遇を受けるべきである」ということだ（ペレルマン『説得の論理学』）。平たくいえば，同じようなもの（似たものは）はいつも同じように扱わなければならないということである。

【例題39】次の文章に使われている論証を説明せよ。

《死者をも「民」のうちに勘定した上でのデモクラシーのことを，英国の思想家（にして推理小説家）チェスタトンは「死者のデモクラシー」とよんだ。「民」の種類を空間軸に沿って拡張し，その果てに普選法を構想しようというのは，民本主義は民本主義でも，ケチな民本主義だ。私（およびチェスタトン）の民本主義はもっと気前のよいものであって，「民」の種類を時間軸に沿っても拡張し，その挙句，死者にも投票権を与えようというのである。

もちろん死者たちは自分では投票できない。で，われわれ生者たちが死者たちの意向を聞いて，それをわれわれの投票に反映させるしかない。しかしもちろん死者たちは自分では言葉を発しないし身振りも示さない。で，われわれ生者たちは死者たちの残した精神（それを伝統という）をすすんで受け継いで，それをわれわれの投票の参考にするしかない。

要するに「死者のデモクラシー」とは，伝統精神に敬意を払うような「民」による普通選挙とそれにもとづく代議政治のことにほかならない。》　　　　　　　　　　　　　　（西部邁『思想史の相貌』）

【解】ここには公平-論証が使われている。公平-論証は歴史の流れを新たな展開,「革新」と見るのではなく,「似たもの」の連続,「持続」と見る。「似たもの」である過去（死者たち）を否定するのではなく生者たちと同じものとして公平に応接しようとするのだ。ここにあるのは「伝統」を知恵の宝庫（生者の「投票の参考」）と見ようとする発想にほかならない。

　法解釈の分野では公平-論証は決定的な役割を果たす。同じような事例が過去にあればその前例に従うという前例準拠は公平-論証に依拠している。「前例」化の論拠になる公平-論証は本質的に保守（惰性）の論理であり,通念の形成,因習の確立に貢献する。
　公平原則の適用に当たって一番問題になる点は何をもって「似たもの」（同じもの）と見なすかということだ。ある人が「似たもの」と見なしたものをほかの人は「似たもの」と思わないかもしれない。そこに見解の相違が出てくる。

【練習問題40】次のジョークの落ちを説明せよ。
《列車の旅である。
　小犬を膝に置いた気位の高そうな女がいる。そして,どこかむさくるしい男が先ほどからタバコを吸い続けている。窓は開いているが,コンパートメントにはタバコの臭いが立ち込めている。女が言った。
　——タバコを止めていただけません。
　男は女の顔を見たが,そしらぬ顔で黙ってタバコを吹かし続けている。
　女はキッと前方を見据えた。
　しばらく時が過ぎて,女がまた言った。
　——タバコを止めていただけません。
　男は相変わらずタバコを吸い続ける。女の手がすっと伸びて,タバコを

取ると窓の外にぽいと投げ捨てた。
　男はおやという顔で女の顔を見た。それから，おもむろに女の膝から小犬を手に取ると，窓からぽいと投げ捨てた。》
【解】男の論理はこうである。小犬は女の愛するものであり，タバコは男の愛するものである。愛されている（愛玩物）という点で両者は同じである。同じものに対しては同じように対するべきだ（公平原則）。だから女がタバコを窓の外に捨てたのだから小犬も「同じように」窓の外に捨てても文句はないはずだ。本来，タバコ（嗜好品）と小犬（生き物）は同等視することのできないものである。対等でないものを対等として扱う——公平原則を逆手にとったジョークである。

3-2-2　定義-論証

　定義は「同一性」の原理に基づいている。厳密にいえば問題の両項は交換可能（同値）なはずだが，数学や論理学ではいざ知らず日常的議論ではもちろん近似的同一性（類似性）が問題になる。
　日常的議論では「定義」はアバウトであることを免れない。しかし，くだんの定義がアバウトであるからこそ，定義は論拠たりえるのだとも言える。日常的議論における「定義」とは要するにある観念を自分流に，自分に都合のいいように解釈する（再定義する）ことだ。つまりある観念なり事象をきわめて主観的に解釈して説明すること，それが論証的「定義」の定義である。「定義」がアバウトであること，定義-論証におけるすべての問題はそこから始まる。

【例題40】次のジョークの落ちを説明せよ。
《農林監視員が川にはいっている男にメガホンで怒鳴った。
　——立て札が目にはいらないのか！　ここは遊泳禁止だぞ！
　すると，川の中の男は，狂ったように手足をばたばたさせながら，
　——泳いで……るんじゃ，あり……ません。溺れて……るんです！
　——そうか。それならいいんだ》
【解】これは役人の杓子定規ぶりを諷刺したジョークであるが，「定義」の問題点を浮き彫りにしている。同じ事態を前にしても見る視点によって「定義」は変わりうる。もっとも，実際には「溺れている」のに「泳いでいる」と見なしてしまう（定義してしまう）ことはありえないだろうが（ここにはジョークに特有の誇張がある）。

　では「定義」は実際にはどういう使われ方をするのだろうか。定義=論証は相手の考え方の甘さ・曖昧さ・間違いを自分の「定義」を突きつけることによってえぐり出す。

【練習問題41】次の曾野綾子の文章「闘争もどき，オペラもどき」に反論せよ。
《7月23日の朝日新聞には，社会学者の上野千鶴子さんが「世代体験」というエッセイを書いていらっしゃった。
　6月4日の天安門血の日曜日以来「胸のつぶれる思いがつづいている」「全共闘世代」である上野さんは「学園紛争」を「あれは大学当局にとっては『紛争』であっても，学生にとっては『闘争』だった」と言う。
「世代の分岐が年齢によってではなく，社会的な事件によって細分されるとしたら，20年前のあの事件は，わたしたちにとって，ひとつの『戦争』だったのかもしれない」

とも書いておられる。

「学園紛争」はいかなる意味においても「戦争」などではなかった。ほんとうの戦争をローティーンとして知っている私は，このような甘い言葉を聞くと深く当惑する。戦争は２つの要素を持っていてこそ，戦争なのだ。

　常に死の危険が付きまとうこと。

　そこから個人の意志では逃れられないこと。（逃れようとすると，そのことがまた死の危険になる）

　アメリカの青年は，徴兵で送られたベトナムでたくさん死んだが，警察庁の統計によれば，日本の「学園紛争」の時，学生は１人も死ななかった。それに対して警官は２人殉職した。学生は危なくなれば，いつでも闘争を止めて家に帰ることができた。そんな気楽な戦争はどこにもない。一方，当然のことだが，職業としての警官にはやめて帰る自由はなかった。あれを戦争と言うのなら，それこそほんとうの「戦争」を闘わされたのは，警官の側であった。》（香西秀信『議論の技を学ぶ論法集』に拠る）

【解】「定義」による論証であるからその論拠になっている「定義」を問題にすればよい。曾野綾子の「戦争の定義」は本質的な属性（特徴＝条件）に的を合わせた定義である。肉体的な「死」だけに照準を合わせている。もちろん「死」の問題は戦争を考える上で重要なファクターだが，それ以外にも考慮に入れなければならないことが多々あるはずだ。戦争をもう少しゆるく定義することもできるのではないか。戦争は当事者たちに肉体的な傷跡だけではなく「精神的な」それをも深く残すものだ。死者の数だけを数え上げるのは片手落ちというものではないか（もっとも「学園紛争」を苦にして自殺した学生もいたはず）。バリケード封鎖に参加して逮捕され，その後の人生がすっかり狂ってしまった学生たちも多かったにちがいない，などなど。

　もっとも「定義」は上の例のようにいつも定義らしい定義の形をとるとは限らない。

【例題41】鈴木孝夫『武器としての言葉』から採った次の文章には「〜とは…だ」といった定義らしい言い方は出ていないが，それに代わる表現が見いだされる。どの部分か指摘せよ。

《私は日本人がどうしてバレーボールに身長制を導入しろと主張しないのかが不思議でならない。そもそもスポーツとは同じ身体条件の者が，同一の条件の下で争ってこそ面白い筈だ。大人と子供，男と女が一緒に試合をしないのも大人や男が勝つのが当たり前で，面白くも何ともないからだろう。(中略)

しかもスポーツにはレスリングや拳闘を始めとして，すでに体重制を採っているものが多々ある。身長制を加えて悪い筈はない。バレーやバスケットに，例えばマサイ級，モンゴル級，バンタム級といったランクをもうければ，身長が違うことから来るハンディキャップ，そしてそれを乗り越えるための悲愴とも言える努力は全く不必要になるわけだ。》(香西秀信『反論の技術』に拠る)

【解】「そもそもスポーツとは同じ身体条件の者が，同一の条件の下で争ってこそ面白い筈だ」という文章がそれである。定義は広義に解すればある人の「考え方」にほかならない。この「定義」に従って鈴木孝夫は従来のスポーツのあり方に反論を加えることになるが，そのさい彼が採用するのは「公平原則」だ。

鈴木の主張をトゥールミンの図式で記述してみよう（右図参照）。

上の文章は自分の考え（定義）を「公平原則」を論拠にして主張している。さらに前例を挙げて自分の主張を強化している（これは3-3-1で取り上げる「例示-論証」だ）。

定義-論証に反論を加える場合には類似性の原理や公平原則などに照らして「定義の仕方」を問題にすればよい。

定義-論証に限らず一般的に言っても，定義を問題にすること——むろ

3-2 準論理的論証

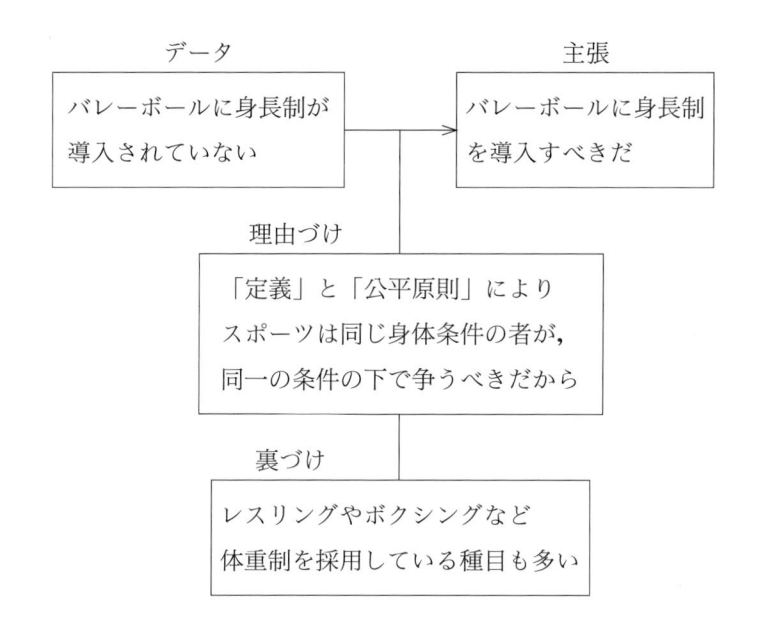

```
      データ                    主張
┌──────────────┐      ┌──────────────┐
│バレーボールに身長制が│─────▶│バレーボールに身長制│
│導入されていない   │      │を導入すべきだ    │
└──────────────┘      └──────────────┘
          │
      理由づけ
┌──────────────────────┐
│「定義」と「公平原則」により │
│スポーツは同じ身体条件の者が,│
│同一の条件の下で争うべきだから│
└──────────────────────┘
          │
       裏づけ
┌──────────────────────┐
│レスリングやボクシングなど │
│体重制を採用している種目も多い│
└──────────────────────┘
```

ん揚げ足とりの場合も含まれるが——は反論を加える場合の有効な手段である。なぜなら人は自分の使う言葉を厳密には使用していないことが多いからだ。だから改まって定義を求められればたいていの人は立ち往生してしまう。「人の道にはずれたことはしてはいけない」と大人から諭された若者が「じゃあ，人の道とは何かきちんと説明してほしい」と開き直られたら即答できる大人は何人いるだろうか。

　最後に定義=論証の目覚ましい（？）使い方を紹介する。人を非難する時には「レッテル」を貼ることである。人を攻撃するときに使う「レッテル」貼りは「凝縮された定義」（ロブリュ）だ。「あの男は誠実でない。なぜならドンファンだから。」女たらしのなかにも誠実な人間はいくらでもいるので，この非難は明らかに短絡的だ。しかし人を攻撃するには絶大の効果を発揮する。「共産主義者」「ユダヤ人」「ファシスト」など人はさまざまなレッテルを使ってきたし，今後も使うことだろう。

【練習問題42】前出の鈴木孝夫の文章に反論せよ。

【解】まず，論拠がなんであるかを突き止める。ここでは「定義」と「公平原則」が併用されている。もっとも，今の場合この2つは密接に絡み合っているので1つにまとめて考えても差し支えないだろう。すると「スポーツに公平原則を適用するのはおかしいのではないか」という反論が考えられる。そして次のような反論を組み立てることができるだろう。

《スポーツでは体重制だとか，身長制だとかは採用すべきではない。

　小さい選手が大きい選手に勝つのがスポーツの醍醐味の1つである。妙な公平原則の適用はせっかくのスポーツの面白さを奪ってしまいかねない。スポーツには現に相撲のように体重制をとらず，小さいものが大きいものに勝つのが面白いとするスポーツもある。さらに大きな目で見れば陸上競技，水泳，スキー，スケートなどむしろ身長制・体重制など条件をつけないスポーツの方がむしろスポーツの大勢だ（高跳びや走り幅跳びは背の高い選手が断然有利なはずなのに）。レスリングやボクシング（柔道もか）などある種のスポーツに現在採用されている体重制すら廃止すべしと考えるのが本来の筋ではないか。身長制の新たな導入など論外である。

　バレーボール（バスケットボールもあげてはいるけれども）だけを敢えて取りあげて身長制を導入せよと主張するのはこの種目に強い関心を寄せている日本のことを考えた「我田引水的」主張ではないだろうか。

「裏づけ」についていえばこれは「偏ったサンプル」だと反論できる。例として挙げられたのはすべて格闘技である。これをもって体重制をとるスポーツが「多々」あるというのは牽強付会だろう。格闘技は体重差がもろに出やすいから制限を設けるのは，まあ，やむをえない面もあるが，バレーボールのような「球技」の場合は問題が別である。》

　例えば以上のような反論が考えられるだろう。

3-2-3　なおさら-論証

【例題42】次の文章は社会・人文科学における「通約不能性」を問題としているが，その論証のプロセスを説明せよ（ヒント——ここでは「比較」が問題になっている。また，自然科学は社会・人文科学よりも客観的であると一般的に信じられている）。

《実際，私の知るかぎり，社会そして人文の方面における学際的接近というのは，たいへん不毛な事態に陥っているのである。いろいろな分野の人間が集まりはするが，各人とも他の分野については無知蒙昧なわけであるから，自分の意見をいうだけで，あとは相手の意見を拝聴するということで終わっている。（中略）

これはいわゆる通約不能性（アンコメンシュラビリティ）の問題でもある。つまり様々な諸学説はそれぞれに特有の前提をおいている。しかもその前提にたいして特有の意味を付与している。それら特有なものが互いに通約されない，あるいは共軛されない，という可能性のことである。いってみれば，辞書をもたずに，他国人同士が異なった言葉で会話しようとするようなものである。

これは自然科学においても大問題とされており，科学哲学の方ではファイアーアーベントたちが諸科学のあいだの通約不能性を強調している。自然科学においてもそうであるなら，社会・人文科学においては事態はますます深刻であろう。それぞれの諸科学，諸学説がイデオロギー化したという状態のもとでは，異なったイデオロギーのあいだの通約不能性が際立ってしまうのである。》（西部邁『新・学問論』強調引用者）

【解説】ここで使われているのは「比較推理」である。社会・人文科学における通約不能性と自然科学におけるそれが「似たもの」として比較されている。客観的真理（？）を追求すると考えられている自然科学の方面で「通約不能性」が問題化しているとすれば「主観的なも

の」が大手をふるう社会・人文科学では事態は「なおさら」深刻であろうという推論である。上の文章は「より強力な理由」を引きあいに出して論証を展開しているわけである。

　例題のなかで使われている論証は「なおさら-論証」と呼ばれている。この議論の根底には「比較」（優劣）と「類似」（同類）という観念がある。改めて言うまでもないことかもしれないが，「比較」は同じカテゴリーのもの同士のあいだでしか成立しない。たとえば「暑さ」と「早さ」では比較のしようがないだろう。別なカテゴリーのものには共通の物差しを当てることができないからだ。なおさら-論証は「同類のもの」に「優劣をつける」のだ。問題はまたしても何をもって「似たもの」と認定するかにかかっている。
　ところで，なおさら-論証は2つのタイプに分けることができる（例文はアリストテレスに拠る）。
　(1)　小なるものから大なるものへ（「父親をさえ打つほどの者は，隣人を打つ。」）
　(2)　大なるものから小なるものへ（「神々ですら一切を知らないのであれば，まして人間がすべてを知るなど，ほとんど不可能である。」）
　論点は「質」，「量」，「数」などさまざまであるけれども，この論証の要諦は何をもって「より大」（多・優）とするか，また何をもって「より小」（少・劣）とするかの判定にかかっている。
　(1)のタイプは禁止・制止・勧告など「否定的指示」（特に法律）の根拠によく使われる。たとえば「立入」禁止地域はなおさら「キャンプ」禁止地域でもあるだろう。「獣のような振舞いはするな」とか「いつまでも子供じゃいけない」とか説教するのも同様だ（そこには「獣＜人間」「子供＜大人」という価値判断が働いている）。
　野球やテニスの試合でトーナメント形式を採用しているのはなおさら-論証に基づくが，これも(1)のタイプである。「大は小を兼ねる」という

諺も同様。ボクシングの世界チャンピオンはヨーロッパチャンピオンよりも強い（ヨーロッパチャンピオンが強いならば，世界チャンピオンはなおさら強い）。大卒のほうが高卒よりも仕事ができる。世間にはこの種の暗黙の了解がけっこう多い。実際に戦わせたり，一緒に仕事をさせてみたら，ひょっとすると予想とは反対の結果が出るかもしれないのだが。

　(2)のタイプは小さなものを擁護するために大なるものを引きあいに出す場合によく使われる。小さな間違い・ミスを正当化するために大きなそれが引きあいに出される時がこれに当たる。たとえば税務署からわずかな脱税を追及されたサラリーマンが大企業の巨額の脱税はどうなっているのかと応酬する場合だ。

　ちなみに(1)と(2)は対偶であることに注意しよう。「子供がそれを持ち上げられるなら，大人はなおさら持ち上げられる。」「大人がそれを持ち上げられないならば，子供はなおさら持ち上げられない。」

　すでに注意したようになおさら-論証は「比較」(「より」)と「類似」(「同じ」)という2つのファクターが絡んでいる。反論する場合にはそこに目をつければよいわけだから，2つの方法がある。つまり正攻法に「より」の根拠を問題にするか，搦め手から攻めて「同じ」（似たもの）かどうかを疑問視するか。どちらで行くかはケースバイケースだ。たとえば上掲の例について言えば，父親を殴ることはそれほど稀な事例ではないと主張するのが前者のケースであり，神と人間を同列に論じるのはおかしいと主張するのが後者のケースである。子供と大人の例では「より」で反論するしかないだろう。つまり「子供のなかにも大人に負けない力持ちがいる」と主張すればよい。

【練習問題43】間違いを指摘された生徒が教師に次のような反論をした。「先生だって間違えることがあるじゃないか。」この反論の問題点を指摘せよ。

【解】「大なるものから小なるものへ」のなおさら-論証を悪用した詭弁。相手の非を持ち出し自分の非を糊塗する「論点すりかえ」である。

【練習問題44】動物のサイズという視点からユニークな論を展開した本川達雄著『ゾウの時間ネズミの時間』の「あとがき」に次のようなコメントが読める。トゥールミンの議論分析にならって「データ」(根拠),「主張」(結論),「理由づけ」を図式化せよ。

《近ごろ,外国との摩擦のニュースを聞くにつけ,違う世界観を理解することのむずかしさがよく分かる。同じ人間の間でそうなのだから,違う動物の世界観を理解することなど,よほどの努力をはらわなければできないことである。しかし,その努力をしなければ,決して人間はさまざまな動物を理解し,彼らを尊敬できるようにはならない。》

【解】
　しかし私などは,ひょっとすると同じ人間のあいだの理解の方がよほど難しいのかもしれないと余計なことをつい考えてしまうのだが(ちなみにこれは「より」の根拠を問題にする反論)。

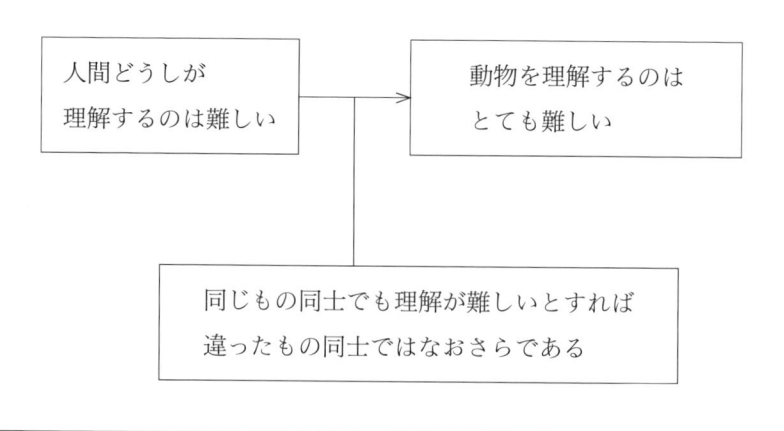

```
┌──────────────┐      ┌──────────────┐
│ 人間どうしが  │─────▶│ 動物を理解するのは │
│ 理解するのは難しい │      │ とても難しい      │
└──────────────┘      └──────────────┘
              ▲
              │
    ┌──────────────────────────┐
    │ 同じもの同士でも理解が難しいとすれば │
    │ 違ったもの同士ではなおさらである    │
    └──────────────────────────┘
```

3-2-4　非両立-論証 ── 二者択一

　非両立-論証は「選言」に関わる論証である。私たちがすでに問題にした「消去法」もここに含まれる（1-3-2）。ほかに「両刀論法」などがある。

　非両立はすでに見た論理学の「排中律」（p∨￢p）に相当するものだ。排中律は「中間」を認めない二者択一を迫る原理である。論理学の二値的性格をもっともよく体現する原理であるが，日常的議論ではいろいろと問題をはらんでいる。すでにたびたび話題になったように日常的議論（レトリック）は真でも偽でもない事態に関わることが多いからだ。事実世界では「中間」的状態が大いにありうる。だから非両立的命題に出会ったらそれが本当に非両立的なのかをまず疑うほうがよい。もしかすると「中間」（別の可能性）があるかもしれないからだ。この注意は非両立（排中律）が関わる議論すべてに当てはまる。

【例題 43】「私大」学生の学力低下を私立大学教員の自己保身に帰する次の主張の論証は妥当か。
《たとえば職業高校に通う生徒たちの学力や生活について考えたこともない学者たちが，自身ご卒業された東大京大慶大あたりの後輩を侮蔑し，我らの時代だけは良かったといわんばかりの傲慢な論議に私はうんざりだが，それを措いても許しがたいのは，私立大学の教師たちが盛んに「学生の学力低下」を嘆いてみせる醜悪な姿だ。
　分数の掛け算ができない理系の大学生，生物のイロハを知らない医学部生，中学生レベルの英文や漢字も読めない工学部生などの出現を招いたのは，果たして「近頃の阿呆な受験生」のせいなのか。それとも文部省［＝文部科学省］のせいなのか。
　この省に，学力を上下させる力など，ありはしない。文部官僚の関心事は省の既得権益だけだ。子どもや教育の未来などではない。
　18歳人口が下降線をたどり，受験生が少なくなれば検定料収入も

がっくりと減り，定年前までに自分の大学が倒産してしまうかもしれないと私学教授らは畏怖（いふ）し，そこで受験科目を減らせば受験生の減少に歯止めがかかると，我先に競って2科目程度で大学に入れるようにしてしまったのは，いったい誰なのか？

　みずから選び招いた結果に対して，他人のせいにするこのような大人たちの風潮こそ，日本の教育をだめにしてきた元凶なのである。》
（日垣　隆『偽善系　やつらはヘンだ！』）

【解】論者は，私大学生の学力低下はもっぱら受験科目を極端に減らした私立大学（教授）の醜悪な自己保身にあると決めつけている。もちろん，それも原因かもしれないが，それだけとは言えないだろう。

　ここで論者は因果論-論証と非両立-論証を使っている。

　まず「大学生＝学力低下」の原因を論者は3つに絞り込んでいる。

「近頃の阿呆な受験生」
　　　文部省（官僚）　｝大学生の学力不足
　　　私立大学（教授）

この3つの原因の認定はまあ，妥当だろう。問題は「大学生の学力不足」を招いた原因の特定である。論者は非両立-論証により「消去法」を試みる。「近頃の阿呆な受験生」については明確な判断を下していないが全体の論調からするとむしろ同情的である。従って受験生は「消去される」。次は文部省［＝文部科学省］の官僚であるが，論者はえらく文部省を見くびっている。「文部官僚の関心事は省の既得権益だけ」で「子どもや教育の未来などではない」という論者の断定が正しいかどうかはともかく，文部省の教育政策がいかに「生徒」の「学力を上下させる」かは大学生の日本語力や英語力を見れば火を見るよりも明らかだ（英語と国語はたいていの私立大学の受験科目に入っている）。文部省に責任がないなどとは言えないだろう。私立大学も大いに責任があることは言うまでもない。大学生の学力不足の原因を1

つに特定するのは無理があり，上の３つの原因が複雑に競合したものと見るべきだろう。論者には文部省や大学（特に私立大学）に対する偏見（事実誤認）があるようだ。

　非両立は具体的には選言という形で問題化する。選択肢は無限でありうるが，実際にはそんなに多くなることはない。すでに見た「消去法」が一番選択肢が多くなる可能性があるが，普通はせいぜい５，６個どまりだろう。その場合一番注意しなければならないのは選択肢がすべて網羅されているかどうかだ。

　非両立がもっとも鮮明な形で現れるのは排他的選言（二者択一）の場合である。たとえば戦前の日本での「この戦争に反対するものは非国民だ」という主張。最近のものでは「環境保護か，地域の発展か」。

　この種の非両立-論証は明解でわかりやすい。迫力もある。しかしながら，この論証はありうべき選択肢を切り捨てて，選択の幅を意図的に制限している場合が少なくない。そのことは争点を明確にする上では都合がいいが，選択肢を意図的に操作している恐れがある。

【練習問題45】次のコピーや主張の問題点を指摘せよ。
[1]「わが党を支持せよ。さもないと日本はよくならない。」
[2]「覚醒剤やめますか，それとも人間やめますか。」
[3]「未成年者の犯罪に対して重い刑罰を科せという意見があるが，私は反対だ。いくら刑罰を重くしても犯罪を犯す者は必ずいるからだ。法律をいじることは時間の無駄である。」
【解】[1] この主張は選択肢の幅を故意に狭めている。つまり「支持する」と「支持しない」の２つしか想定していない。しかし実際には第３の選択肢，「支持でもなく不支持でもない（＝態度保留，無関心）」という選択肢がありうる。

[2] これは覚醒剤撲滅キャンペーンのスローガンとしてはよくできたものであるが，論理学的には問題がある。このコピーはいわゆる「多重質問の誤り」fallacy of many questions を犯している。「覚醒剤やめますか」に「はい」と答えれば覚醒剤を「い・ま・ま・でやっていたこと」になるし，「いいえ」と答えれば「これからも相変わらずやること」になる。つまり「覚醒剤をやっていますか」という予めなされていて然るべき問いが故・意・に省略されている（論点先取りの誤りとも考えられる）。この問いが発せられて「はい，やっています」という答えが返ってきたら初めて「覚醒剤をやめますか」という問いが可能になる（覚醒剤をやっていないという選択肢が落ちている）。こうした「多重質問の誤り」に対しては「そうした質問には答えられない」と突っぱねればよい。「おまえは浮気をやめたのか」（いずれにしても浮気を認める結果になる）「おまえは嫉妬から告げ口したのか」（いずれにしても告げ口を認める結果になる）なども「多重質問の誤り」の例である。

[3] これも選言肢を故意に狭める詭弁で，完全であるか，さもなければ破棄かと迫る。いわゆる「完璧主義者の誤り」perfectionist fallacy。完全主義の外観はとっているが，実際は相手に無理難題を要求して相手の主張を取り下げさせる，事なかれ主義の恐れがなきにしもあらずだ。

3-2-5 両刀論法

両刀論法は正確には「仮言＝選言三段論法」と呼ぶべきだろう。この論証は一見複雑に見えるが，日常的議論でしばしば遭遇する。

(1) 　税金を上げれば，経済が停滞する。（$p \supset q$）
　　　税金を下げれば，福祉関連業務を削減しなければならない。（$r \supset s$）
　　　採れる政策は税金を上げるか，下げるかである。（$p \vee r$）
　∴いずれにしても困った事態を招く。（$q \vee s$）

両刀論法はどっちにころんでも困った事態になる，にっちもさっちもいかない状態を表す推論だ。相手を窮地に追い込む論法として多用される。推理規則としては二肢的な選言として書かれるが選択肢は3つ以上でも一向に差し支えない。多くの場合2つに絞られるというだけのことだ。また，次のような，結論が選言ではない単純なタイプもある（ちなみに次の論証はショーペンハウアーの厭世哲学の要約だ）。

(2) 　人間は欲望をもつか，もたないかである。($p \vee q$)
　　　人間はもし欲望をもつならば，挫折して苦しむことになる。($p \supset r$)
　　　人間はもし欲望をもたないならば，退屈して苦しむことになる。($q \supset r$)
　　∴いずれにしても人間は苦しむことになる。(r)

　なんだか詭弁めいた論証で怪しいと思うかもしれないが，これは形式的に妥当な推理だ。その証明は簡単である。例の「反証法」(前提を真，結論を偽と仮定して矛盾が出るか［妥当］，出ないか［非妥当］) を使えばよい。

　両刀論法はその原語「ジレンマ」dilemma が「2つの角」を意味することからも分かるように選言が基本にある推論で，「排中律」に関わっている。すでに説明したように「排中律」とは「中間」を排除する，「中間」を認めないということを表す規則だ。すでにこれまでもたびたび注意したように，選言が問題になっているときは選択肢が本当に「排他的」になっているかどうかを見きわめることが肝腎だ。この条件さえクリヤーすれば両刀論法は非常に強力な論証である。

【例題44】豊かな自然に恵まれているけれども過疎化に悩むA町が地域の振興を図るために大工場の誘致を計画している。(1)の両刀論法に倣ってA町の置かれた苦しい状況を表現せよ。
【解】大工場を誘致すれば美しい自然が破壊される。
　　　豊かな自然を保護しようとすれば過疎化を免れない。

　　　　　採れる政策は地域の振興か，自然環境の保護かである。
　　　　∴いずれを選ぶにしても難しい問題に直面する。

　この論証の形式的側面についてはすでに見たので，今度は両刀論法にどう対処したらよいのかということを具体例に即して考えてみたい。
　まず，次の議論を検討してみよう。

(3)　もしわれわれが原子力発電を選択するならば，核汚染の危険を増大することになる。(p⊃q)
　　しかし，もしわれわれが火力発電を選択するならば，温室効果を促進することになる。(r⊃s)
　　われわれは原子力発電か火力発電かを選択しなければならない。
　　(p∨r)
　　∴われわれは核汚染の危険を増大することになるか，温室効果を促進することになるかである。(q∨s)

　両刀論法（すでに触れたように「ジレンマ」は「2つの角」を意味する）に反論を加えるには2つの方法がある（どちらか1つを選べばよい）。
　　［ⅰ］　別の選択肢の可能性を探ること。これは「角の間に逃げる方法」である。
　　［ⅱ］　選言肢の1つ（反論しやすいほうを1つだけ選べばよい）を捕まえて，その論理の破綻を衝くこと。これは「角を捕まえる方法」である。
　(3)に反論するために，まず［ⅰ］の可能性を探ってみよう。選択肢は本当に原子力発電と火力発電だけなのだろうか。水力発電とか風力発電とかといった可能性はないのだろうか。別の選択肢を提示することが問題の両刀論法を反駁することになる。
　　［ⅱ］の可能性はどうか。最初の条件文（原発選択）に的を絞ることに

3-2 準論理的論証

しよう。核汚染が絶対に出ないような対策を講じることができることを主張すればよい。

［ⅰ］か［ⅱ］の方法を使えば反論の道が開ける。

【例題 45】 怠け者が次のような屁理屈をこねる。反駁せよ。

人は金持ちになるか，あるいは貧乏になるかのどちらかに決まっている。
金持ちになることに決まっているなら，働くことはない。
貧乏になることに決まっているなら，働くことはない。
∴いずれにしても私は働くまでもない。

【解】 まず［ⅰ］の「角の間に逃げる方法」による反論。上の第1前提は実は選択肢をすべて網羅していない。この選言命題は「反対」対当で，「中間」がありうる。「金持ちである」と「貧乏である」はともに真であることはないが，ともに偽であることはありうる。つまり「金持ちでない」こと，「貧乏でない」ことは両立する（中間的階層がありうる）。上の両刀論法に即していえば「金持ちになると決まっているわけでない」，「貧乏になると決まっているわけでない」という選択肢が可能だ。すると次のような推論が組み立てられるだろう。

金持ちになると決まっているわけでもないし，また，貧乏になると決まっているわけでもない。
金持ちになると決まっているわけでなかったら，働いた方がいい（働かなければ貧乏になる恐れがあるから）。
貧乏になると決まっているわけでなかったら，働いた方がいい（働けば金持ちになれるかもしれないから）。
∴どちらにしても働いた方がいい。

次に［ⅱ］の「角を捕まえる方法」による反論。

金持ちになることに決まっていても，働くべきだ。なぜならますます金持ちになるから。
貧乏になることに決まっていても，働くべきだ。なぜならより貧乏でなくなるからだ。
∴いずれにしても働くべきだ。

【練習問題46】p.134の(1)の両刀論法に反駁せよ。
【解】別の選択肢の可能性を考えよう。「採れる政策は税金を上げるか下げるかである」というのは本当だろうか。別の選択肢はないだろうか。税金はそのままという選択肢がある。つまり税金はいじらず，日銀が公定歩合を下げるという対策がある。日銀の公定歩合が下がれば，銀行の金利が下がり，会社や個人は銀行から低い金利でお金を借りることができるので，お金をたくさん借りるようになる。会社は設備投資をし，個人は物を買う。経済は活性化することになる。「困った事態を招く」ことは避けることができるだろう。

【練習問題47】p.135の(2)の両刀論法に反駁せよ。
【解】この両刀論法の選言――「人間は欲望をもつか，もたないかである」（$p \lor \neg p$）はトートロジー（恒真式）なので「角の間に逃げる」方法は使えない。［ⅱ］の方法に拠るしかない（次の例では2つの条件文を否定しているが，一方だけでも反論としては成立する）。

人間は欲望をもったにしても，挫折して苦しむことはない（たとえば自分が憧れていた女性とめでたく結ばれて，欲望が満たされる場合がある）。
人間は欲望をもたないにしても，退屈して苦しむことはない（たとえば読書や音楽鑑賞などの趣味を楽しみ，心の安らぎを得ることができ

る)。

∴ いずれにしても人間は苦しむことはない。

3-2-6　背理法

【例題46】次の会話のなかで女はどんな論証を使って自分を正当化しているか，説明せよ。

男：君はもうぼくのことを愛していないんだ。

女：ばかなことを言わないでよ。あたしはあなたのことを愛してるわ。もし女が男を愛さなくなったら相手になにが起ころうと気にしない。男と一緒に時間を過ごしたいとも思わない。電話もしょっちゅうかけない。プレゼントなんかもしない。でも，あたしはあなたになにが起こるか気になるし，できるだけあなたと一緒にいたいと思っているし，電話もしょっちゅうかけているし，この前もプレゼントしたじゃないの。これで，あたしがあなたのことを愛しているのが分かるでしょ。

【解説】ここで使われている論証はいわゆる「背理法」だ。背理法は相手の間違った主張を直接切り崩すのではなくて，次のような間接的手続きをとる。

① 証明したいことの反対の場合を仮定する（￢p）。

② ついでその仮定の下で矛盾（不合理）が生ずることを示す（q∧￢q）。

③ 誤りであることが分かった初めの仮定を取り下げて，その反対を主張する（p）。

女は自分が愛しているということをストレートに主張するのではなくて，「愛していない」場合を仮定する。そして，愛していないとどういうことになるかを推論し，その結果と今の自分の状態がまったく

異なることを指摘する。つまり「愛していない」という仮定を立てたことが間違った結論を導いたのだから、その仮定を取り下げて「愛している」ことを主張する。見られるように背理法は間接的証明法である。

実をいえば背理法は後件否定規則と深い関係がある。たとえば上の女の推論を次のように書き換えてみれば、その経緯が納得されるだろう（ただし「愛していない」を p、「関心を示さなくなる」を q と記号化する）。

愛していないならば相手に対して関心を示さなくなる（$p \supset q$）
相手に対して関心を示している（$\neg q$）。
∴愛している（$\neg p$）

1-3-1 で紹介した「反証法」は背理法の応用にほかならない。背理法は数学や論理学で強力な証明法であるが、例題のように日常的な議論でも背理法を応用した説得はよく登場する。しかし日常的議論では「矛盾」は論理的破綻という厳密な意味ではなくて「困った状態」や「不合理な状態」、「避けたい状態」という形で問題になることが多い。次は背理法の見事な適用例である。

《私が脳死を個体の死と見做なして心臓移植に用いることに絶対に反対するもう1つの、最終的な理由〔筆者はすでに、臓器提供者の不足がはらむ倫理的・社会的問題点を指摘している〕は、それが必然的に、以下に述べるような危険性をはらむからである。すなわち、とどまるところを知らない科学技術の加速度的発展は、いずれ中枢神経系の移植にさえも向かっていくことが予想される。外傷で切断された指や四肢の神経を縫合、修復させることはすでに行われ、末梢神経の自家移植も可能になっている事実を考えれば、もちろんそれよりはるかに複雑、困難ではあっても、中枢神経をつなぎ合わせて機能を再開させることが技術的に可能になる時代は、い

つか必ずくると見ても間違いはあるまい。

　もしそうした事態が現実のものとなった時に，今ここで脳死を人の死と見做してしまうならば，次のようなことが起こり得る。すなわち，脳の機能はまだ健全であるが多臓器不全で死に瀕している患者Mの脳（頭部）に，頭部の外傷で脳死状態になったが身体の他の部分は健全な若い患者Bの首から下全部を"摘出"して移植するといった可能性も，当然起こってこよう。それは，一旦脳死を個体の死と見て，心臓，肝臓，腎臓，肺などの臓器を摘出することを容認したならば，頭部を除く胴体と四肢とを一まとめに切り離して移植に使うこととの差は，もはや量的であるにとどまり，決して質的に断絶したものではないからである。このように2人の人間をいわば合成してつくられた1人の人間は，現在の移植推進論者の論法によれば，当然それまでの脳の所有者であつた個体Mであり，たとえ質量的に90パーセントを占めていようとも"すでに死んでしまった"個体Bではないことになろう。》（渡部良夫「脳死体からの臓器移植が包含する問題点と危険性」，梅原猛編『「脳死」と臓器移植』）

【練習問題48】 大学受験を1週間後に控えた娘があいにく悪性のインフルエンザにかかってしまった。しかし本人は高熱を押して勉強しようとしている。休養をとるほうが得策だとする親の立場から背理法を使って説得せよ。
【解】 たとえば次のような説得が考えられる。
《もしあなたの望むように高熱を押して勉強を続けるとしよう。そうするとインフルエンザをこじらせてしまうにちがいない。インフルエンザをこじらせて悪化させてしまうと試験を受けられないという最悪の事態を招く恐れがある。そうした最悪の事態だけはどうしても避けたい。だとすれば今は勉強のことはきれいに忘れてインフルエンザを治す（＝ゆっくり休養する）ことに専心すべきである。》

3-3 事実的論証

3-3-1 例示-論証

まず初めに断っておかなければならないことがある。

私たちは「例示」による論証ということで「例証」と「喩え」による論証とを同時に扱うことにする。レトリックの厳密な原理からすると「例証」(比較推理) と「喩え」(類比推理) を一緒に扱うのは問題があるけれども，論証の観点からは「例を挙げて人を説得する」という点で両者はまったく違いがないからである。もしこの両者に違いがあるとすれば例証は同類（同じカテゴリー）から例をとってくるが，「喩え」はカテゴリーを越境して例を採るという点だ。言い換えれば，例の取り方がおとなしいか大胆かの違いである。似たもの同士で例を捜すか，あるいはちょっと視点をずらして普通は「似ていないもの」と思われているもののなかに「似ている点」(間接的類似性) を発見するかということだ。ただ，その違いをきっちりと心得ておくことは立論・反論に際して有益な指針となるだろう。

【例題47】次の論証は例証だろうか，喩えだろうか。
(1) 《[この前のところで論者は，せめての論理がしばしばバランスを失したゴマメの歯ぎしり的なことになりやすいのは，重要なもの・本質的なものを諦め，心の憂さの捨て所を見いだそうとするところから出発するからなのだろうと論じている。]

寺山修司のいう一点豪華主義もその一面は同じところ〔＝せめての論理〕に根ざしている。ある外国人が，日本人はある種の持ち物に法外な金額を支払うことが多い，と指摘したことがある。せいぜい顔と景色しか写さない旅行者がボックス・カメラで済むところをプロ級のカメラを持っていたり，普通のサラリーマンが自動車よりも高価な腕時計をはめているといった例は珍しくない。欲望の充足を手近なもの

から果たして行くのは戦後の家庭生活の三種の神器の変遷によっても容易に知り得るが，それは物質的なものと精神的なものとのバランスの上に実現されるもので，一点豪華主義とは異質のものである。一時大流行を見た鰐皮のベルトやいまだにあとを絶たない舶来物のライターなどは，実用という点からはおそろしく高価すぎ，他には通じにくいひとりよがりの自己満足である点，またこれだけは王侯貴顕にも負けないという精神的な価値の高さを持つところなど，せめての論理に裏づけられている。舶来もののライターなどは，船舶王オナシスが軍艦一隻買うよりも，経済的負担という面から見れば普通の日本人にとっては過重なものなのである。》（板坂元『日本人の論理構造』，強調原文）

(2) 『「超」勉強法』のなかで野口悠紀雄は数学は基礎からきちんと積み上げて勉強しなければならないという世の常識を打破して「おいしい」ところだけつまみ食いしても——氏の言い方では「パラシュート勉強法」——いいのだと主張する。

《数学を道具として用いる大部分の人にとって，厳密な理論や証明は不要である。「基礎をきちんと勉強していないから使えない」と，罪悪感やうしろめたさを感じる必要はまったくない。

　われわれは，日常生活でこうした方法を多用している。自動車を運転するのに，内燃機関の原理について正確な知識をもつ必要はない。それより，アクセルの踏み加減を体得するほうが重要だ。テレビを見るのに，半導体の知識は必要ない。スイッチの操作を知っていれば十分だ。これと同じことを，数学でもやればよいのである。》

【解】(1)で使われているのは例証である。

　日本人の習性（一点豪華主義＝せめての論理）を具体的な例を挙げて分かりやすく説明している。特にこの場合は「極端な」例を挙げることによってその習性の問題点が鮮明化されている。例示の強みである。

(2)は喩えである。見られるように，「喩え」には意外性という心理的効果がある。しかし，類似性が間接的であるだけに破綻も生じやすい。

議論は抽象的，一般的になると聞き手＝読み手の興味をつなぐことが難しくなる。そのため話をするときにはなるべく具体例を挙げなさいという助言がしばしばなされる。具体例は主張を補強し，説得力を増強する。

例示-論証は俗耳に入りやすいのでよく使われるが，注意すべき点もある。それは例として挙げられているものが本当に「似たもの」であるかどうか，また，もし「似たもの」であったとしても本当に相応しいものであるかどうかをよく吟味する必要があるということだ。

【練習問題 49】 著者は必要もないのにやたらに西洋の学者を引き合いに出す日本人の「呪術」的傾向を指摘してから次のように論を進める。文章を読んであとの設問に答えよ。

《こういう風に見て来ると，日本語の中に原始人の心性がいまだに強く残存しているような錯覚におちいりやすい。日本語が論理的でないと考えている人に時々出会うが，論理的でないという根拠の1つは，右のようなそのまま外国語［＝欧米語］に直訳できない表現があることにあるらしい。が，厳密な意味で論理的な言語など地球上のどこでも用いられていない。論理実証主義の哲学や一般意味論の学者たちが今なお言葉と格闘しているのは，非論理的な言語でいかに論理的な思考を可能にするかという深刻な問題をかかえているからである。その意味でなら，日本語と指定せずに言葉は非論理的であるというべきである。だが，普通，日本語が論理的でないという表現は，日本語の背後にある文化や物の考え方の型が外国語のそれと喰い違うところがある，ということを非論理的に表現したものに過ぎない場合が多い。こういう意味合で論理的とか非論理的とかを議論するの

は，チーズとたくあんのどちらがすぐれているかを論じ合うようなものである。問題は，それぞれの言語の底に流れている思考・感情や言語の背景にある文化の様式がいかに異なっているか，そしてそのために言語そのものの表現法にどういう差があらわれているかに帰する。》（板坂元『日本人の論理構造』，強調引用者）

　ここで使われている「チーズとたくあん」の喩えの妥当性を評価せよ。
【解】この文章の中心的議論は傍点部分の喩えにある。この喩えが適切かどうかにこの文章の説得力はかかっている。ではこの喩えは日本語と欧米語の間に見られる非論理的／論理的の対比を説明するのにふさわしいだろうか。

　例示は例示なのだがここでは提喩——類［グループ］でもって種［メンバー］を，種でもって類を表すレトリック——が関わっている。いわば典型的な例（プロトタイプ）の問題。たとえば日本的な顔立ちと欧米的な顔立ちを言い表すのに「醬油」顔，「ソース」顔と言ったり，あるいは昔イタリア製の西部劇を「マカロニ」ウエスタンと呼んだりする類いである。

　ここでの問題は言語の性格の違いを食べ物のそれで示すことが果たして妥当かどうかだ。著者はたくあんとチーズの風味の違い（優劣）——あるいはその作り方の違いも——を念頭に置いているようだが，この例示（喩え）はそれなりの効果——日本語と外国語の差異——は確かに見られる。しかし，個人的な印象を言わせてもらえば余り感心しない。論理性と非論理性の違いがうまく伝わってこない憾みがある。もっとふさわしい例がありそうな気がする。私なら日本式庭園（自然さ＝非対称性）とフランス式庭園（人為性＝幾何学性）の違いを例として挙げるだろう。

3-3-2　因果論-論証

　ある出来事が目撃されれば人はその原因を想定する。諺にもいうように「火のないところに煙は立たず」だ。すでに詳述したように原因—結果や

手段—目的の推理（条件文）は論理学的に見れば問題のある推論である。

　このタイプの推論では原則として2つのもの（2つの事象）のあいだにある関係性が設定される。この推論の土台になっているのはすでに論じた「換喩的推理」である（2-2-5参照）。つまり，有縁的な2つの事象は「有意味的な関係」を構成しうるのだ。たとえば水戸黄門の伝家の宝刀「葵の紋の印籠」は確かに「高価な」品物かもしれないが，即物的にはただの印籠である。しかしながら将軍家の家紋である「葵の紋」と結合するとき，ただの印籠が有り難い「付加価値」を帯びることになる。人はそこに「将軍家の威光」，あるいは将軍そのものを読み込むことになる。本来は無関係なものにも人間は「有意味的な意味」を読み取ってしまうのだ。

　こうした「読み込み」は2つの連続する出来事のあいだにも起こる。一方が起これば他方がしばしば起こるという関係（継起性・共起性）が目撃されれば原因—結果の関係（因果性）が問題になる。ただし「因果性」が問題になるのはその「継起性」「共起性」があくまでも私たちにとって「関与的」であるときに限られる。たとえばその継起的事象が衝撃的であったり，異常であったり，重要であったりした場合だ。

　あるテニスプレイヤーが赤いヘッドバンドを着けて試合に臨むと，勝つことが幾度か続いたとする。試合に勝つということは彼にとって切実な問題である。その選手は赤いヘッドバンドの着用と試合に勝つことの間にある種の因果関係を認めるようになって，毎試合そのヘッドバンドを着けることになるかもしれない。しかしながら，赤いヘッドバンドを着けて練習してどんなに調子がよくても，赤いヘッドバンドの着用と練習で調子がよいことの間に彼は「関連性」を認めるようになることはあるまい。というのも練習は日常的な出来事であるからだ。

　迷信と因果性は境を接している。実際のところ因果性の認定は慎重を要する作業である。ただ，そのさい必要条件と十分条件に留意することは非常に大切であるとは言えるだろう。

　数学のような世界では必要条件と十分条件を特定するのは割と簡単であ

るが，現実世界ではそうは問屋がおろさないケースが多い。

たとえば植物の発芽の条件を考えてみよう。

植物が発芽するにはどんな条件（原因）が必要だろうか。水，熱（適当な温度），酸素がまず思いつくだろう。これらは確かに発芽の重要な必要条件ではあるが，厳密にいえばもっと他にもいろいろな条件を考えなければならない。たとえばまず種が存在しなければならない（種が必要だ）。そしてその種を土のなかに埋めなければならない（土が必要だ）。埋める時にも適当な深さを考えなければならないだろう（播き方についての知識が必要だ）。そのほかにも細かい基本的な条件が必要なはずだ。そうしたさまざまな条件がすべてそろえば，その時に限り種は無事に発芽する。植物が発芽するためには実に多くの物理的条件が関与している。それらの必要条件がすべて合わさって十分条件を構成している。十分条件の１つでも欠ければ植物は発芽しない。

その経緯を図示すれば次のようになる。

```
必要条件 1 ⎫
必要条件 2 ⎪
必要条件 3 ⎬ 十分条件 ――→ ある事態が成立する
……       ⎪
必要条件 n ⎭
```

見られるとおり，必要条件・十分条件は細かく言い出したらそれこそきりがない。実際問題としては小さな条件は「暗黙の前提」（補助前提）として処理して，無視することが多い（2-2-5参照）。というよりか発芽のケースを考えても分かるように，人間はもともと目につく大きな条件しか注目しないものだ。確かに小さな条件は無視しても差し支えない。しかしながらどの条件に的を絞るかは極めて大切である。

【例題48】(1)と(2)が問題にしているのは十分条件だろうか，必要条

件だろうか。

(1) たとえばある芸能プロダクションのスカウトMがタレントを探しているとしよう。彼は過去や現在の人気タレントのルックス，スタイル，声などいろいろのデータを想い浮かべる。人気タレントに共通するキャラクター（属性）は何だろう……。

(2) F子はスターの卵としてスカウトされた。彼女はタレントとしてデビューしたが，人気がいまひとつだ。彼女のマネージャーは対策を練る。F子にはいま売り出し中のK子と多くの共通点が見られることにマネージャーはふと気がついた。彼は2人の違いは何だろうかと考える……。

【解】(1) ここで問題になっているのは必要条件である（表中のアルファベットの小文字は必要条件の候補である各キャラクターを表す）。

事例	状況（原因の候補）	結果
A	a b c d e f j	タレント
B	a b c e j	タレント
C	a b c d f	タレント
……	……	タレント

　上のデータから結論できることは，タレントであるための必要な要件はabcというキャラクターであるらしいということだ。欠けても影響の出ないものは必要条件ではないから――必要条件はそれがなくては問題の事態が絶対に成立しないこと――，どのタレントにも共通してみられるものが求めるアイテムだ。これは「一致法」と呼ばれる方法で，必要条件の候補を絞り込む手続きである。

　(2) マネージャーが問題にしているのは人気タレントであるための十分条件だ。十分条件はそれが存在すればある事態を必ずもたらすことを思い出そう。今度は「違っているもの」が問題になる。

3-3 事実的論証

事例	状況（原因の候補）	結果
K子	a b c d e	人気タレント
F子	a b c d	?

上のデーターからF子はe（例えばはなやかさ）が欠けているのでスターになれないらしいということが判明する。これは「差異法」と呼ばれる方法で，十分条件を特定する手続きである。

実際には「一致法」と「差異法」は併用されることが多い。どの手続きに従うにせよ，あらかじめ原因の候補数は少なく絞り込んであるほど都合がよい。そのためにはなるべく多くの予備的情報（関連情報）を収集する必要がある。

【練習問題50】俳優（役者）になるための主要な必要条件を3つ挙げよ。
【解】昔の人は顔，姿，声と言った。現在はどうだろうか。

【練習問題51】次の推論が拠っているのは一致法と差異法のどちらか。
[1] 夫婦で旅行した。最後の日に妻が軽い食中毒にかかった。その日に食べたものと飲んだものをリストアップすると，夫が飲んでいない牛乳を妻が飲んでいることが確認された。食中毒の原因は牛乳にちがいない。
[2] 恋人にプレゼントしようとしてM男はあれこれ迷ったが，彼女がB社のブランド品を好んで身につけていることに思い当たった。彼はB社のスカーフを選んだ。
[3] E子はショパンの「別れの曲」が得意で，いつも上手に弾いていた。今日はどうしたわけか何カ所かミスを犯した。そういえば彼女は最近ピアノを買い換えた。今日のミスは新しいピアノのせいだろう。

[4]　ジョギングをして家に戻ると右足の小指がひどく痛む。シューズは3足もっている。前にも同じような経験があった。その時も今日と同じＡ社のシューズだった。足の痛みの原因はＡ社のシューズのせいにちがいない。

【解】［1］差異法　［2］一致法　［3］差異法　［4］一致法

　因果論-論証は経験則に基づくものがほとんどである。したがってこの論証に訴える場合には問題の2つの事象の間に本当に原因―結果の関係(因果性)を認定できるかどうかをきっちりと見とどけなければならない。
　因果性の認定に際しては次の3点をよくチェックする必要がある。
　(1) 単なる偶然の一致(暗合)ではないか。
　いわゆる post hoc, ergo propter hoc (その後で，従ってその故に)の誤謬推理だ(「ポスト・ホックの誤り」(因果性錯視)と呼ばれる)。
　(2) 共通の原因はないか。ほかにもっと強力な原因はないか。たとえば麻疹(はしか)にかかると高熱が続いた後で赤い発疹ができる。麻疹だと気がつかないと高熱が発疹の原因だと誤認してしまうが，実は麻疹ウィルスが高熱と発疹の「共通の原因」である。
　(3) 原因と結果を取り違えていないか。たとえば《気圧計の目盛りが下がった。⇒台風が来た。》という継起的事実を前にして気圧計の目盛りの低下を原因，台風の到来を結果と錯視してしまうような誤り(実際には台風が来たので気圧が下がったのだが)。

　【例題49】次の推論を評価せよ。
　　妊婦が火事を見ると赤痣(あざ)の赤ん坊を産む。
　　彼女は妊娠中に火事を見た。
　　∴彼女は赤痣の赤ん坊を産む(だろう)。
　【解説】「妊婦が火事を見ると赤痣の赤ん坊が生まれる」という迷信が

3-3 事実的論証

ある。上の推論はそれに基づくもの。これは形式的には妥当な演繹推理である。しかし結論は誤りだ。どこに問題があるのか。一番目の前提にある。「妊婦が火事を見ること」と「赤痣の子供を産むこと」の間には十分な「因果性」は認められない。原因でないものが原因と誤認されている。「ポスト・ホックの誤り」（因果性錯視）である。

【例題 50】次の 2 つの情報だけからどんな因果関係を想定できるか。思いつく限りあげてみよ。
（a）　普段は穏やかでおとなしい M 男が今朝はひどく苛立っている。
（b）　M 男は昨日の夜よく眠れなかったとしきりにこぼしている。
【解】次の 3 つのケースが考えられる。
　（ⅰ）　前夜よく眠れなかったので，今朝苛立っている。
　（ⅱ）　前日から苛立ちが続いている，それでよく眠れなかった。
　（ⅲ）　別の原因，例えばストレスや，寝る前にコーヒーを飲みすぎたことなどが考えられる。

【練習問題 52】次のジョークの落ちを説明せよ。
《科学者というものは理詰めな考え方をするものだが，この自然科学者もそのご多分にもれなかった。
　彼はノミを紙の上に置くと，跳べと命令した。するとノミがぴょんと跳んだ。そこで彼はノミの脚を器用に切り取ってから，また命じた。
　――もう一度跳べ！
　だがノミは跳ばない。これを見て科学者は首をかしげ，腕を組み，じっと考え込んでいたが，はたと額を打って叫んだ。
　――ああ！　ノミの脚を切ると，耳が遠くなるのか！》
【解】もちろん動物を使ったジョークであるからノミは人間のことばを理

解するということが大前提（擬人法）。このジョークの出発点は「耳が聞こえればノミは命令にちゃんと反応する」という前提だ。そこから後件否定規則によって「命令にちゃんと反応しないのは耳が聞こえなくなるからだ」という推論がなされる。この推論そのものは形式的に妥当であるが，実際にはノミが反応しなかったのは脚を切られて跳ぶことができなくなったからだ。つまり，このジョークは因果性の取り違えを落としている。

【練習問題53】次の推論は正しいか。
《あるコンピュータ会社の調査によれば，パソコンを使っている大学生のほうがパソコンを使っていない学生よりも学業成績が平均して優秀であるとのことだ（このデータは正しいと仮定せよ）。もしあなたが大学で優秀な成績をおさめたいのならば，パソコンをすぐに始めるべきだ。》
【解】この推論は正しくない。共通の原因を見逃している。パソコンに興味を示すような学生は知的好奇心や知性が高いはずだ。そうした資質は学業においてもよい結果を示すだろう。ただ，このケースは優秀な学生がパソコンを使うのだと考えれば，原因と結果の取り違えとも取れる。

【練習問題54】たとえば次のような研究成果が発表されたとしよう。
《体罰などの厳しいしつけを行う両親によって育てられた子供は体罰を用いない両親に育てられた子供よりも性格がより攻撃的になる傾向が見られる。体罰は子供の性格を攻撃的にする。》
　この主張は原因と結果を取り違えている可能性がある。もしそうだとしたらどういう説明（解釈）が考えられるか。
【解】ここでの係争点は人間の性格は先天的なもの（遺伝）なのか，後天的なもの（環境）なのかというお馴染みの問題のバリエーションである。上の主張は後者の立場であるが，前者の立場に立てば子供がもともと攻撃的な性格でいうことをきかないので勢い体罰のような強い姿勢で子供に臨まざるをえなかったのだと考えられる。つまり子供の攻撃的な性格が原因

で体罰はその結果であると。もちろん，どちらの主張が正しいのかを判定することはここでの主眼ではない。原因―結果の特定は思いのほかデリケートな作業なのだということを理解することが肝腎である。

【練習問題 55】 次の文章は「いじめ」問題の緩和策として塾の「認知」を提案している。その論証のプロセスを説明せよ。

《なぜ，今の日本でいじめ問題が深刻化しているのか。それについては，さまざまな解釈や議論がなされているが，これという明確な答えは出ていない。しかし，どうすれば「いじめ」の結果，自殺してしまう子どもたちを減らせるかははっきりしている。

今の日本で，いじめが陰惨を極めるようになった最大の理由は，逃げ場がないことである。

理由なき「いじめ」は学校に限らず，社会の至るところに存在する。肌の色や宗教の違いによる「いじめ」もあるし，また会社や組織のなかでも同種の「いじめ」が行われることもある。要するに人間集団のあるところ，「いじめ」はつねに存在すると言ってもいい。

それなのに，なぜ学校の，とくに小・中学校の「いじめ」だけが極端に激しくなり，自殺者をも生み出すようになったのであろうか。それは，今の義務教育制度では，いじめられたときに，そこから逃げ出す方法がないからである。

かつての日本でもっとも「いじめ」が横行したのは江戸時代の牢屋であり，戦前の軍隊であったが，この2つに共通しているのは，どちらも逃げ場がないという点である。

江戸時代の牢屋でいかなる陰惨ないじめが行われたかは，時代小説にしばしば書かれている。牢の中には厳然とした階級があり，牢名主と呼ばれた人間は新入りの囚人を徹底的にいじめた。松本清張の小説によれば，文字どおり糞を食わせることもあったらしいし，またときとして仕置きが激しすぎて死んでしまう者もいたようである。

このような悲劇が起きてしまうのも，いったん牢に入ってしまうと，いかに残酷ないじめをやられても逃げ出す術がないからである。
　同じように，戦前の軍隊でも古参兵の新兵いじめが行われた。さまざまな戦記物で書かれているから，今さら実例を紹介する必要もないであろう。これもまた，徴兵という，逃げ場のない制度が生み出した悲劇であった。
　ひとたび入った学校をなかなか替えるわけにもいかないことが，今の小・中学校でのいじめをエスカレートさせる大きな要因となっている。高校ならば中退という道もあるが，義務教育の小学校，中学校の場合，中退はもちろんのこと，転校するのも実際には難しい。
　しかし，塾を義務教育機関の一種と認定し，学校の設置基準をなくして私立の新設校を増やせば，この状況は大幅に変わるはずである。
　いじめる同級生がいて，そのことを学校側に訴えても何の対処もしてくれないのなら，そのような学校にいつまでもいる義理はない。さっさと転校して，もっとましな学校に移ることが許されれば，それだけでもいじめの深刻化は防げるはずである。》（渡部昇一『国民の教育』）

【解】論者は昨今の小・中におけるいじめの陰惨化（陰湿化）の主たる原因を義務教育ゆえの逃げ場のなさに見る。つまり論者は「逃げ場のなさ」と「いじめの陰惨化」との間に「因果性」を認める。この確認（仮説）を「証明する」ために有力な2つの証拠が引きあいに出される（この論証自体はすでに見た例示－論証だ）。それは密室空間である牢屋と軍隊におけるいじめの凄まじさである。義務教育と牢屋・軍隊をパラレルな関係に置くことによって「逃げ場がないならば，いじめは陰惨化する」という命題が確証されることになる。この命題が正しいと認定されさえすればいじめを緩和する道はおのずと見えてくる。論者が「どうすれば「いじめ」の結果，自殺してしまう子どもたちを減らせるかははっきりしている」と揚言するゆえんだ。「逃げ場がないならば，いじめは陰惨化する」（順）の「対偶」を取ってみよう。「いじめの陰惨化がなくなるのは逃げ場があるから

である」という答えが返ってくる。それでは次に義務教育の小・中学校に「逃げ場」を作るにはどうすればよいだろうかと考えを進める。だが，今の小・中を制度的にいじるのはいろいろ難しい。だとすれば「同じような」教育機関である「塾」――優秀な塾も多い――を正規の教育機関として「認知」したらどうだろうか。

　上の文章はいじめの原因の特定（因果性の発見），特定された原因の検証（例示-論証），現状を打開するための解決策の提示（対偶）というプロセスを踏んでいる。

3-3-3　権威-論証

【例題51】次の江戸小咄は何を諷しているか。
《下手な医師どの，病家から帰ると，さじを拝む。女房ふしぎにおもひ，
「何ゆへ拝み給ふ」
といふ。
「はて，馬鹿なことをいわつしやる。これがなければ，とふに解死人（下手人）になります」》（駒田信二『江戸小咄』）
【解】「匙を投げる」「匙加減」といった言葉からも分かるように昔は「匙」は医者の代名詞であった。つまり匙は医者の「権威」の象徴であった。この小咄は匙さえ持っていればどんな藪医者でも盲信する，権威に弱い世間（人情）を諷刺している。

　斯界の権威が語るときその話はうむを言わせぬ説得力がある。権威-論証は強力だ。そのことに人は昔から気づいていた。だから「権威」をなんとかして装うことを考えた。権威のある人が口にすればつまらぬことでも有り難みが増す。

拠り所とされる権威は多種多様だ。学者や宗教家，専門家といった特定の権威者ばかりでなく，世論，学説，宗教，書物といった非人格的な権威もある。権威-論証は哲学や文学，経済，法律，政治などの人文系の論証に盛んに活用されるだけでなく，科学のような厳密な専門分野でも頻用される。たとえば「相対性理論が証明しているように……」「非ユークリッド幾何学によれば……」というように。なぜなら権威の暗黙の力を利用すれば余計な論証の手続きが免除されるからだ。引用もまた権威-論証に基づいている。

　非常に手っ取り早い論証であるだけに権威-論証を使う場合には注意が必要だ。権威-論証の悪用・誤用で一番多いケースは，ある分野の権威者が自分の専門以外の話題についてもっともらしく発言するケースだ。聞き手（読者）がだまされるだけでなく，本人自身もまったくその悪用を自覚していない場合も多い。ことほどさように権威-論証は蠱惑（こわく）的なのである。

【練習問題56】 次の文章はスターCMの何を揶揄しているのか。

《欧米の映画スターやゴルファーを起用したCMが近ごろ目立って多い。スター級の外人タレントではじめてこの国のCMに顔を出したのは1961年のトリオ・ロス・パンチョス（森永製菓／チクレ・モリナガ），マイケル・コナーズ（キャノン／ズーム8）だが，今日の盛況を招くきっかけになったのは，1970年のチャールズ・ブロンソン（マンダム），つづいて71年のアラン・ドロン（レナウン／ダーバン）の登場であろう。まさかCMに出ようとは予想もされなかった大型スターであったうえに，当時すでに邦画の俳優たちはあらかた狩り出されつくして受け手のほうでも食傷気味でいたところだったからたちまち衆目をあつめ，CMはヒットし，商品はめざましく売り上げを伸ばした。その成功に刺戟されて，以来，一流スターをかつぎだす例が相次ぎ，1976年には新顔だけで18人，古参を含めると30人近くものスターたちがブラウン管上にひしめいて，夜となく昼

となくお茶の間をのぞきこむという騒ぎ。》（向井 敏『紋章だけの王国——テレビCMの歴史と構造』）

【解】機を見るに敏な広告業界が権威-論証の有効性に目をつけないはずがない。上の文章はスターCMの絶大な効果とそのお手軽さ（スターCMに乗ぜられる大衆の愚かさ）を諷している。「物を売るより人を売れ」というセールスマンの極意の実践である。ここに働いている消費者の心理は「有名人」が勧めるのだから、「有名人」が使っているのだからその品物はいいのだろうということだ。いわゆる「所有者—物」の換喩的推理である。スターCMはスターのカリスマ性（権威）を存分に利用している。

3-3-4 人物-論証

【例題52】次の推論の問題点を指摘せよ。
《わたしの友人は中絶にはぜったい反対だと主張した。その理由は中絶をした女性は精神的に大きなダメージを受けるからだという。しかしながらわたしは彼の主張を認めない。なぜなら彼はカトリック教徒だからだ。カトリック教会が中絶に反対であることはよく知られている。》
【解】これは間違った人物-論証である。友人の主張に即して「中絶は女性に精神的ダメージを与えるか，否か」を問題にすべきなのに当面の問題とまるで関係のない「カトリック教徒＝教会」への批判に基づいて判断している。人（の言動）をその所属する組織（グループ）で判断するのは「偏った」判断である。

人物-論証は問題の人物の「人格」や「地位」や「言動」などに基づく論証である。この論証は人（本質＝主体）と行為（存在＝属性）の通底性に基づいている。言い換えれば「行為は人の表現である」という発想に

従っている。

「行為」は広義に解する必要がある。狭義の行為だけでなく，その人の身体的特徴，持ち物，社会的地位，職業，交友関係，作品，癖，嗜好などさまざまなものを意味しうる。要するにその人物と「隣接性」（関連性）にあるものはすべて「行為」と見なして差し支えない。ここに働いているのは「換喩的推理」である。

「あの人は立派な人なのだから言っていることも正しいはずだ。」「偉い人なのだから間違ったことをするはずがない。」「あんなに花が好きなのだからきっと心の優しい人なのだろう。」「悪いことをした人間はまた悪いことをするだろう。」これらはすべて憶測に基づく推理である。

人物-論証は人を称讃する場合にも使われるが，多くは十分な論拠の持ち合わせがなくて相手を攻撃する場合に行使される。反対尋問の名手フランシス・L・ウェルマン（1854-1942）は「ひたすら，全く傍系の，当面の問題とは何の関係もない事がらについて証人の人格を攻撃する」方法について次のように述べている。

「訴訟の核心が，2人の人間しかその場に居合わせなかった折りの会話を，正確に再現できるかどうか，にかかっていることが多い。そして両者はこの裁判で対立関係にある，というのがふつうである。この種の事例では，両者の証言はどちらも，証人自身の口から矛盾を引き出せる見込みの絶無という場合が多く，したがって腕ききの反対尋問家なら，主証人の証言を無視して，もっぱら傍系的なことについてその証人の誠実さを攻撃し，できればそれで証人を破滅させてやろうとのみかまけるものだ。」（梅田昌志郎訳『反対尋問』）

【練習問題 57】次の推論を評価せよ。
[1]　あの男は大した人物ではない。それはあの人相を見れば分かる。
[2]　Aは私に禁酒するように忠告した。

Ａはアルコール依存症だ。
　∴私は禁酒しない。
［3］　あの女がピアノのコンクールでそんな立派な賞を取るなんてありえない。だって，このわたしに意地悪した女なのよ。

【解】［1］この推論は正しくない。人間の能力と顔つきは無関係である。

　［2］この推論は正しくない。Ａがアルコール依存症であることとＡの意見（判断）は別物である。「医者の不養生」という言葉もある。アルコール依存症の医者の診断なら素直に聞くのか。誰が口にしようと正しい意見であれば従うべきである。

　［3］音楽的才能と性格の善し悪しは関係がない。

4 誤謬推理と詭弁

　ここまで論理的思考（推論）と議論（論証）についていろいろと見てきた。これまでのところをよく理解していても，実際の場面ではやはり間違った推理をしてしまったり，間違った推理に乗せられたりするものだ。よくよく注意してみてもうっかりそうなってしまう。それを避けるにはよく出てくる事例をしっかり押さえてしまうことだ。というのも人が間違った判断（推理）をするのには特定のパターンが確かにあるからだ。誤謬推理と詭弁の正体を知ることは自分の議論（推論・論証）を隙のない，強力なものにする。孫子の言うとおり「彼を知り己を知れば，百戦して殆（あや）うからず」である。

4-1　前提をめぐる事例

　前提が正しくても結論が正しいとは必ずしも言い切れないが，前提がおかしければ結論もおかしくなるとは言える。問題のある前提は誤った前提，曖昧な前提，隠蔽された前提などいろいろな現れ方をするが，要するに結論と直結しない不適切な前提である。問題のある前提に騙されないためには前提を徹底的に検討・吟味するしかない。

【練習問題 58】次のエピソードは問題のある両刀論法の例として古来よく話題にされるものだ。どこに問題があるのか。強調部分に注意して考えよ。
《エウアトルスという貧しいギリシア人の青年がいた。この男が弁論術を修めるために有名な弁論家プロタゴラスの門をたたいた。師弟の間に次の

ような契約が交わされた。授業料の支払いは入門時に半分を支払い，残りの半分は修業を終えてエウアトルスが法廷に立って初めて訴訟に勝ったときに支払われると。エウアトルスはめでたく学業を修めて一人立ちしたが，いつまで経っても残りの授業料を払う気配がない。プロタゴラスは怒って，法廷に訴えて主張した。

「きみはいずれにしても払わなければならないだろう。もしきみが裁判に勝てば入門時の約束にしたがって残金を払わなければならない。また負けたら負けたで法廷の判決に従って払わなければならない」

これに対してエウアトルスは平然と反論した。

「私はいずれにしても払う必要はない。もし裁判に勝てば法廷の判決に従って支払いの義務を免れることになる。また負けたら負けたで入門時の約束に従って訴訟に勝つまで支払いを延期できるから」》

【解】こんなことってあるのかと，煙に巻かれた読者も多いだろう。大岡越前守の名裁判に「三方一両損」というのがあるが，この「月謝」裁判はどちらも正しいという珍妙な結果になってしまう。どうしてこんなことになってしまうのか。

問題は両者の主張の出発点である支払条件の「もし裁判に初めて勝ったら」にある。この条件は曖昧である。たとえばどういう勝ち方をしたとき「初めて勝った」と見なすのか。自分の都合のよいようにどうにでも解釈できる。あらかじめ支払条件をもっときっちりと規定すべきだったのだ。たとえばいついつまでに残金を全額かならず支払うというように。前提が曖昧であるとき議論は嚙み合わない。両者が前提を勝手に解釈し，自分に有利な結論を引き出すからだ。議論の際には前提をはっきりさせる必要がある。

両立不可能性（パラドックス）の例としてよく挙げられる「クレタ島人はいった，『クレタ島人は嘘つきである』」（エピメニデスが言ったとされる）も「曖昧な前提」による詭弁と解される。この形でわかりにくければ三段論法に書き直してみればその詭弁性（両立不可能性）がより明らかに

なるはずだ。

　　クレタ島人は嘘つきである。
　　わたしはクレタ島人である。
　　∴わたしは嘘つきである。

　もし大前提を認めれば，結論は真なること［本当のことを］を言っているのだから「わたし」はクレタ島人の属性である「嘘つき」と両立しなくなり，クレタ島人ではないことになってしまう。どうしてこんな変なことになってしまうのか。

　これは「自己言及」のケース一般に言えることであるが，問題になっている概念をあらかじめはっきりさせておかなかったからだ。今の場合でいえば「クレタ島人」。「わたしを除いたクレタ島人は嘘つきである」と限定すれば問題はたちどころに氷解する。「ここに張り紙を禁ずる」という張り紙が許されるのも同じ理由，つまり「暗黙の」例外規定による。

【練習問題 59】次の推論の問題点を指摘せよ。
　　テロリズムをいま阻止しなければ，それは世界中に広がることになるだろう。
　　テロリズムが世界中に広がれば，核戦争が起こるだろう。
　　それはどうしても避けなければならない。
　　∴テロリズムをいま阻止する必要がある。

【解】これは判定が難しい推論である。判定を下すには世界情勢の正確な分析を必要とするだろう。ただ最初の前提と2番目の前提には論理の飛躍（テロリズムの激化は本当に核戦争を誘発するだろうか）があり，誤った前提（牽強付会）が指摘できるだろう。しかしこのタイプの論証はベトナム戦争の時にも使われ，けっこう出番の多い論証である（たとえばアメリカ軍がベトナムから撤退すればベトナムが共産主義の手に落ちる。そうなれば東南アジアの国々が次々と共産主義化するにちがいない。そしてつい

にはインドネシアも共産主義の支配下にはいるだろう。そういった事態は避けなければならない。だからベトナムからアメリカ軍は撤退すべきではない〉。この論証は既知のデータの拡大適用によって将来の展開を予想して，その第一歩を断固として阻止することだ。どうしてか。たとえその第一歩自体はそれほど大きな問題がないとしても将来それが連鎖反応的に拡大して取り返しのつかない大きな禍根を残すことを恐れるからだ。この論証はものが坂を転がり始めたら加速度が加わってそれを食い止めるのが困難だという経験則から出ている。この論証が「滑りやすい坂-論証」と呼ばれるゆえんである。ペレルマンは「方向性の論証」と名づけたが，むしろ「方向性を断つ論証」というべきかもしれない。

【練習問題 60】次のジョークの落ちを説明せよ。
《70 の坂はとっくに越えて夜遊びとは縁のないように見える農夫が町にやってきた。カーショップの前を通りかかった。すると店員がつかつかと近づいてきて農夫に声をかけた。
　——素晴らしい車でしょ？　ここを午後の7時に発たれたら，パリに夜の10時につけますよ。
　——夜の10時のパリでわしは何をするのかね？》
【解】店員は暗黙の前提（車の性能のよさ＝スピードが出ること）を伝達しようとして例を挙げて説明しているのに，客はその前提をとらえそこねている（あるいはとぼけて煙に巻いているのか）。このジョークの落ちは前提の食い違いが産み出すおかしさである。

4-2　選択肢に関わる事例

　この事例は「前提をめぐる事例」に含めても差し支えないのだが，顕著な事例なので別立てにする。

消去法（選言三段論法），二分法，両刀論法，反対概念の否定など「選言」が関わる場合は，すでに繰り返し強調したように次の２点のチェックをくれぐれも忘れないように。
　（１）　可能な選択肢がすべて網羅されていなければならない。
　（２）　選択肢はお互いに非両立的でなければならない。
ただ誤謬推理・詭弁とのからみで言えば，もう１つ，次のこともチェックしなければならない。
　（３）　もともと分ける必要のないものが意図的に分けられていないかどうか。

【練習問題61】次のスローガンは正しいか。
《敵と戦わない者は敵に加担しているのだ。》
【解】正しくない。誤った二分法である。「敵と戦わない者」のなかには「敵に加担している者」と「敵に加担していない者」がいる。

【練習問題62】次の推論に問題点があれば指摘せよ。
　　彼はわれわれの味方か，さもなければ敵である。
　　彼はわれわれの味方ではない。
　∴彼はわれわれの敵である。
【解】一番目の前提（選言命題）に問題がある。中立的な立場，つまり敵でもなく味方でもないことがありうる。結論は正しくない。ただし推論（選言三段論法）自体は形式的にまったく妥当だし，命題間の関連性も十分である。最初の前提だけがおかしい（偽）というわけである。

【練習問題63】よく流布している歴史観に次のようなものがある。問題点があれば指摘せよ。
《日本は明治維新以来，欧米を見習って近代国家をめざし，困難な国際情勢のなかを孤軍奮闘，よく勝ち抜き立派であった。しかしながら，それ以

降軍部が独走して危険な軍国主義の坂を転げ落ち，無謀な「大東亜戦争」に突入してしまった。日清・日露までの日本は正しかったが，「軍閥」が日本人を間違った方向に導いたのである。すべての責任は軍閥にあり，一般の日本人（庶民）は悪くない。》

【解】誤った二分法に基づく責任転嫁である。日清・日露までの日本とそれ以降の日本を截然と「分ける」ことができるか。日本人を一部の日本人（軍閥）と大部分の日本人（庶民）とに「分ける」ことができるか。これは典型的な善悪の二分法である。スケープゴート（生贄）を見つけだし，すべての責任をそこに押しつける詭弁である。スケープゴート設定の詭弁は後で見る「部分攻撃」と通じるところがある。

【練習問題64】次にあげるのは，神の証明と賭を論じたパスカルの有名な文章である。論証のプロセスを分析せよ。非両立-論証として妥当か（ヒント——選択肢は網羅されているか）。

《——それではこの点を検討して，「神はあるか，またはないか」と言うことにしよう。だがわれわれはどちら側に傾いたらいいのだろう。理性はここでは何も決定できない。そこには，われわれを隔てる無限の混沌がある。この無限の距離の果てで賭が行なわれ，表が出るか裏が出るのだ。君はどちらに賭けるのだ。（中略）

さあ考えてみよう。選ばなければならないのだから，どちらのほうが君にとって利益が少ないかを考えてみよう。君には，失うかもしれないものが２つある。真と幸福とである。また賭けるものは２つ，君の理性と君の意志，すなわち君の知識と君の至福とである。そして君の本性が避けようとするものは２つ，誤りと悲惨とである。君の理性は，どうしても選ばなければならない以上，どちらのほうを選んでも傷つけられはしない。これで１つの点がかたづいた。ところで君の至福は。神があるというほうを表にとって，損得を計ってみよう。次の２つの場合を見積もってみよう。もし君が勝てば，君は全部もうける。もし君が負けても，何も損しない。そ

れだから，ためらわずに，神があると賭けたまえ。》(前田陽一・由木康訳『パンセ』)

【解】この論証の基本は次のような二分法である。

理性 (知識)		意志 (至福)	
真	偽	幸福 有神論	悲惨 無神論

　まず理性による判断の無効(真偽未定)が宣告される。そして問題は意志の判断に委ねられる。そこで持ち出されるのが利害・得失という価値判断だ。神がある方に賭ければ幸福が保証される。神がない方に賭ければ悲惨が待っている。全か無かである。駄目でもともとだ。神がある方に賭けた方が得である。

　神の存在証明は理性の手に余るかどうかはここでは不問にしよう(理性が躓いたところから信仰(神)の問題は始まるという見方は確かに一理あるから)。問題は無神論＝悲惨／有神論＝幸福の二分法だろう。神を信じなくても幸福な人はいるだろう。また「神は存在する」「神は存在しない」のほかにも選択肢はないか。「神は存在するかもしれないし，存在しないかもしれない」と判断を保留する選択肢もあるはずだ。

　パスカルの論証は選択肢を恣意的に狭めている。

【練習問題65】次は「矛盾」の起源を伝えているエピソードだが，本当に「矛盾」は成立しているだろうか。検証せよ。
《楚の国に矛と盾を売る商人がいて，韓非子に自慢した。
「この矛はどんな盾をも突き抜くことができるし，また，この盾はどんな矛も防ぐことができる」

韓非子は「では，その矛でその盾を突いたならば，どうなるか」と詰問した。くだんの商人は返答に窮した。》
【解】厳密に言えば「矛盾」は成立していない。ここに見られるのは「反対」対当である。

商人の主張をわかりやすく書き直せば次のようになる。
（ⅰ）　この矛はすべての盾に勝つ。
（ⅱ）　この盾はすべての矛に勝つ。

確かに韓非子の指摘するように（ⅰ）と（ⅱ）は同時に成立する（真である）ことはない。しかし両方とも偽ということはありうる。つまり問題の盾と矛が粗悪品で，「この矛はすべての盾に勝つということはない（＝この矛はある盾に負ける）」「この盾はすべての矛に勝つということはない（＝この盾はある矛に負ける）」という事態だ。

しかしながら問題の２つの矛と盾に限っていえば，勝ちもしないし，負けもしない，つまり「引き分け」という事態はありうるだろう。たとえば矛が盾に突き刺さったけれども突き抜くことができなかったような「どっちつかずの」場合だ。

「反対」を「矛盾」と勘違いしてしまうことはよくあるケースで注意が肝腎だ。

4-3　論点をめぐる事例

論点をめぐる事例は次の主要な３つのパターンに分けることができる。
（１）　論点はずれ（ピントのはずれた議論）
（２）　論点捏造（相手の主張を故意に歪曲する議論）
（３）　論点操作（はぐらかしや，こじつけや，すり替えなどで話の辻褄を合わせる議論）

【練習問題66】次の主張の問題点を指摘せよ。

《私は原子力発電所はもっと作るべきだと思う。こう言うと必ず環境保護論者は環境破壊だ，核汚染だといつものように喚きだすにちがいない。彼らはなんにでもけちを付ける。彼らには将来のビジョンがないのだ。目先のことだけしか考えていない。環境保護論者たちの横暴を許すべきではない。原発をもっと建設すべきである。》

【解】これは「薫製ニシン」red herring と呼ばれる詭弁で，論点を故意にずらし，煙に巻く論証だ。論者は原発建設の論拠はいっさい提示せずに，もっぱら環境保護論者への批判を展開している。なぜ原発が必要なのか，その理由をきっちり説明すべきであるのに。

ちなみに，この詭弁が「薫製ニシン」（赤いニシン）と呼ばれるのは次のような背景がある。薫製ニシンは猛烈な臭いを発する。獲物を追っていた猟犬もこの臭いをかがされると，獲物を見失ってしまうという。嗅覚の鋭い猟犬を誤らせるほど「薫製ニシン」の臭いは強烈なのである。

【練習問題67】次の文章の論点操作を説明せよ。

《断言しても良い，現行憲法が国民の上に定著する時代など永遠に来る筈はありません。第一に，「護憲派」を自称する人達が，現行憲法を信用してをらず，事実，守つてさへもゐない。大江［健三郎］氏は憶えてゐるでせう，座談会で私が，「あなたの護憲は第九条の完全武装抛棄だけでなく，憲法全体を擁護したいのか」と訊ねた時，氏は「然り」と答へた，続けて私が「では，あなたは天皇をあなた方の象徴と考へるか，さういふ風に行動するか」と反問したら，一寸考へ込んでから「さうは考へられない」と答へた。記録ではその部分が抜けてをりますが，私はさう記憶してをります。或は氏が黙して答へなかつたので，それを否の意思表示と受取つたのか，いづれにせよ改めて問ひ直しても恐らく氏の良心は否と答へるに違ひ無い。が，それでは言葉の真の意味における護憲にはなりません。大江氏

は憲法を憲法なるが故に認めてゐるのではない，憲法の或る部分を認めてゐるのに過ぎず，また憲法を戦争と人権の防波堤として認めてゐるに過ぎないのです。》（福田恆存「当用憲法論」『日本を思ふ』，強調引用者）
【解】現行憲法は「護憲」や「改憲」を抱える複雑で微妙な問題だが，論者がここで採っているのは「部分」を衝いて「全体」に押し広げる戦術だ。これは論点操作（論点ずらし）の詭弁であるが，反論のテクニックとしては実に有効である。「部分攻撃」と仮に呼んでおこう。

　下世話な例をあげれば見合いをした後で「学歴の点でどうも……」と言えば相手の全部を断ったこと（破談）と同じことだ。複雑な問題で相手を論駁するには全体にわたって反論を展開する必要はない。攻撃しやすい論点（部分）に的を絞り反論し，その結果を「全体」に押し広げればいいのだ。部分攻撃は「全体」と「部分」の間に存在する「等質性」を前提としている。論者が「憲法全体」とか「憲法の或る部分」とかに固執するのはそのためである。

　論者は現憲法を認めるか，認めないかの判断は憲法の全体に基づいてなされなければならないという前提に立って議論を展開している（あるいはそのような前提に大江を誘導している。大江はこの前提を認めさせられた形である）。したがって大江が第九条は肯定しながら天皇に関する条項は否定する態度に御都合主義（矛盾）を追及するわけだ（ちなみに言えばここには大江に対する「人物-論証」，人格に的を絞った人身攻撃も見られる）。

　この文章に反論するにはその前提そのものを問題にすればよい。現行憲法を全体で判断せよと主張するのはおかしい。現行憲法は「異質な」部分を含んでいるのであって，戦争放棄の問題と象徴天皇の問題は同日には論じられないと突っぱねればいいのだ。

　部分攻撃のほかの例を挙げる。
　ヨーロッパ連合＝EU の問題で，統合に反対の議論を展開してみよう。攻撃しやすい部分に的を絞って，全体に対する部分の異質性を指摘する。

たとえば経済的基盤の弱い国を具体的に1つ（もちろん数は多いほうがよいが）挙げてそれが全体の足並みを乱すことを強調する。あるいは文化も言語も民族も異質な国々が1つにまとまるのはとうてい不可能と強弁する。

【練習問題68】次の主張はどこに問題があるか。
《言論の自由は人が考えるほど望ましいものではない。他人の秘密や国家の機密をみだりに暴露してよいものだろうか。》
【解】これは「わらの男-論証」と一般に呼ばれているもので，相手の主張の特定の部分を歪曲したりねじ曲げたりして誇張し──つまり攻撃しやすい「わらの男」を捏造し──，それを叩くことで相手を論難する詭弁。部分攻撃のバリエーションと見なして差し支えないだろう。例をもう1つ。「なんでアジアの貧しい国に日本は援助しなければならないのだ。国内に不況で失業者があふれているのに。自分の国の国民より外国の国民を優先するのはおかしい。」

【練習問題69】次の推論はどこがおかしいか。
　　インフレは経済にとって好ましいものではない。
　　先月のインフレは年率9パーセントだった。
　　今月のインフレ率は7パーセントである。
　∴経済は上向きに転じた。
【解】前提から引き出せるのはインフレ率が少し低下したことだけだ。インフレはまだ相変わらず続いていて状況は依然として悪い。インフレ率がほんのわずか改善されたというだけで，「経済が上向きに転じた」とはとても言えないだろう。「論点すりかえ」である。

【練習問題70】次の主張の問題点を指摘せよ。
《ダーウィンの進化論は信じられない。なぜなら彼の理論が正しいとすれば彼の遠い先祖はサルであることになる。この事実は進化論が不合理であ

ることを証明している。》

【解】この主張には隠れた，あるいは隠された前提がある。その前提を補って三段論法に書き直すと次のようになる。

> もしダーウィンの進化論が正しいとすれば彼の遠い先祖はサルである。
> 遠い先祖がサルであるような人間によって唱えられた理論は不合理である。
> ∴ダーウィンの理論は不合理である。

一見妥当な推論のように思われるが，第2前提が問題をはらんでいる。この前提（命題）こそまず論証しておかなければならないものだ。つまりこの推論は論点先取りの誤り（循環論法）を犯している。そしてそれをさせたのは論点のすり替えである。遠い昔の愚かな（？）先祖であるサルと19世紀のダーウィンの知性とはなんの関係もない。ここにはダーウィンをサル並みに貶めようとする「人身攻撃」も一枚噛んでいる。

【練習問題71】次の「喫煙擁護」の問題点を指摘せよ。
《喫煙が周囲に大なり小なり迷惑をかける，少なくともその可能性がある，というのはまったく本当のことだ。しかし，迷惑の可能性は煙草にかぎられない。他人の酒気や顔相はもちろんのこととして，その言葉にも不快の念を禁じえないものが少なくない。また自動車のまきちらす排気ガスや自動車の惹き起こす交通事故の迷惑度と比べれば，煙草のそれが無視してよいほどに小さいのはあきらかである。広くいって，社会とは人間たちが他人に快楽と苦痛の双方を，便益と迷惑の両方を互いに与え合う場所のことにほかならない。他人に迷惑を与えてはならないとなれば，社会そのものが成り立たない。我慢が大事という格言が今も有効なのは，迷惑の交換が社会にとって不可避の過程だからなのだ。》（『西部邁の論争の手引き』）
【解】ここにはなおさら-論証に基づく論点のすりかえが見られる。

すでに見たように，なおさら-論証には2つのタイプがある。
（1）　小なるものから大なるものへ
（2）　大なるものから小なるものへ
そして（2）のタイプが小さなものを擁護するために大なるものを引きあいに出す場合によく使われる。小さな不祥事を正当化するために大きなそれが引きあいに出される時である。上の文章も（2）のタイプに属する。喫煙の迷惑は酒気や醜貌，さらには排気ガスや交通事故のそれにまで比べられる。果たしてこの比較は妥当だろうか。

すでに注意したようになおさら-論証に反論するには「比較」（「より」）と「類似」（「同じ」）に的を絞ればよい。この場合は「類似」を攻めればいい。喫煙の迷惑度と排気ガスや交通事故の迷惑度は「同じもの」とは言えず，とうてい同列には論じられない。関係のない事例を挙げて喫煙の迷惑を正当化するのはおかしい。それは論点すりかえである，と。

【練習問題72】次の主張の問題点を指摘せよ。
《一般的に女性は男性に比べて体力が劣る。だから建設作業現場のような体力を要求する職種には女性を採用すべきではない。》
【解】これはピント（論点）はずれの議論である。係争点は体力云々の問題ではなくて権利の問題だ。大切なことは門戸を開放すること，機会均等である。人間には確かに肉体的能力の差はあるが，能力を生かす機会は均等に与えられるべきだ。女性にだって男性に負けない体力の持ち主はいるだろう。男女平等をめぐる問題はほとんどが機会均等の問題に帰着する。

4-4　定義に関する事例

【練習問題73】「争論家」という副題をもつ，プラトンの初期対話篇『エ

ウテュデモス』（山本光男訳）に次のような老練なソフィスト（エウテュデモス）とうぶな若者（クレイニアス）の対話がある（分かりやすいように本文を適当に切り詰めた）。エウテュデモスの詭弁のからくりを説明せよ（ヒントは「知者」と「無知者」という言葉の意味に注意すること）。

　——クレイニアス，学ぶ人は人間たちのうちいずれであるか，知者かそれとも無知者か。
　——学ぶ者は知者です。
　——しからば，どうだ。諸君が学んでいた時には，その学んでいたものを，未だ知ってはいなかったのであろう。
　——さようです。
　——しからば，諸君はそれを知っていなかった時に，知者であったか。
　——いや，そんなことはありません。
　——知者でなくば，無知者ではないか。
　——ええ，たしかにそうです。
　——しからば，諸君は知っていなかったものを学んでいた時に，無知なるものとして学んでいたわけである。
　　若者はうなずいた。
　——しからば無知者が学ぶのである，クレイニアス，しかし，君の思うように，知者がではない。

【解】エウテュデモスは定義（意味）の多義性につけこんでいる。「知者」には少なくとも「知恵のある人」（頭のいい人）と「知識のある人」（ものをよく知っている人）という2つの意味がある。これに対応して「無知者」も「知恵のない人」（頭の悪い人）と「知識のない人」（ものを知らない人）という2つの定義が可能だ。してみれば4つの組合せが考えられる。
　（ⅰ）　知っている，頭のいいひと（物知りの賢者）
　（ⅱ）　知らない，頭のいい人（物知りでない賢者）

（ⅲ）　知っている，頭の悪い人（物知りの愚者）
　（ⅳ）　知らない，頭の悪い人（物知りでない愚者）
また「学ぶ」という言葉も「知らないから学ぶ」こともあるし「知っていてさらに学ぶ」こともある。

　エウテュデモスの詭弁は上のような言葉の多義性と，「知者／無知者」「学ぶ／知らない」の二分法とを巧みに使い分けることから成り立っている。エウテュデモスの詭弁を論破するにはその二者択一の設問を問題にすればいい。第一の質問「学ぶ人は人間たちのうちいずれであるか，知者かそれとも無知者か」に対しては「知者（ⅱのケース）も無知者（ⅳのケース）も学ぶ」と反論すればいい。あるいはもっと端的に「定義」を求めてもいい。まず「あなたのいう知者とはなにか，無知者とはなにか，学ぶとはなにか。まずきちんと定義せよ。質問はそれからだ」と。

　すでに定義-論証の項でも強調したが，相手が曖昧あるいは多義的な言葉（概念）を使っているときは，それに対する明確な定義を求めればいい。それで多くの場合は相手を論破できる。

【練習問題74】次の文章の問題点を指摘せよ（なお，次の引用文は論者の主張が分かりやすくなるように別の箇所にある2つの文章を合成したものである）。
《たとえば，アメリカ生まれのドラフト制は，戦力を均衡にする，そのために下位球団から順番に指名するという単純明快な論理で作られたものである。ところが，日本にくると，複雑怪奇に作り替えてしまい，逆指名という反論理的仕組みをもぐり込ませ，ドラフト制とは似て非なる，得体のしれない制度に化けてしまった。
　しかも，問題なのは，国民の誰もが，その非論理的なデタラメぶりを，改良改善しようとしないことである。日本最大最高の人気スポーツであるがゆえに，日本人の論理オンチもここに極まっている。（中略）
　ドラフトの語源は「徴兵制」という意味である。すなわち，指名された

ら無条件で応じなければならない。徴兵制は，貧乏人も金持ちも有名人も無名人も，すべての人間が従う制度である。かつての日本がそうだったように，徴兵制度すなわち兵役は，納税と教育とならんで，今も，世界の多くの国民の三大義務の1つである。

　野球のドラフト制とは，まさに，徴兵制なのである。指名されたら無条件でその球団に入らなければならない。拒否することはプロ球界に行かないことである。イエスかノーか。行くか行かないか，ただそれだけである。そこには何の作為も工作もない。これほど論理的な制度はない。プロ野球選手になりたい人はドラフトに従い，なりたくない人はドラフトを拒否する。この制度に従わないかぎりプロ野球への道はいっさいない。法律に従わないと人間として生きられないのと同じである。まことに論理的である。

　しかし，日本に導入されたドラフト制は，その本質である徴兵制の片鱗もない。本来のドラフトとは似ても似つかないものに変質した。ドラフトすなわち徴兵制に，抽選や逆指名などという，信じられないような非論理的で，不公平で不平等な仕組みを，平気で組み込み，何の疑問も感じないのがわが日本人である。（中略）

　日本のドラフト制度は，創成期に江川という例外を設けた時，その制度は論理的に崩壊した。その後は，元木，小池，福留と，ドラフトに従わない例が続く。抽選や逆指名などというドラフトではない仕組みが次々と組み込まれ，ドラフトとはまったく違うものに変質しているのに，いまだに，改良改善しようとしない。

　こういう日本人の態度は，まさに，憲法に対する時とまったく同じである。まことに，論理に対して鈍感な民族ではないかと思う。

　論理の敵は例外である。例外を設けたとたんに論理は崩壊する。もはや日本のドラフト制度は，本来のドラフト制度ではないのである。この制度は日本ではすでに論理的に破綻している。ならば，なぜ，早くその破綻を直し，論理的な制度に改良改善しないのか，私にはどうしても理解できな

い。

　この問題は，野球が国民的なスポーツであるだけに，日本人の非論理性を見事に象徴している。非論理的というより「反論理的」な国民であると最近つくづく思う。》（北岡俊明『「論理的に話す力」が身につく本』）

【解】日本人の「非論理性」を論難した文章としてはそれなりに面白いが，ドラフト制度を批判したものとしては問題が多い。ここで一番問題になるのは当然のことながら論者の「ドラフト制」についての定義だ。論者は単純明快に「ドラフト制は徴兵制である」と断定している。新人選手選択制度を「徴兵制」とまなじりを決して決めつけるのは不穏な応接だ。徴兵制は国民全員に強制的に課される制度である。プロ野球に入りたいと思う人は国民のごく少数だ。それもみずから希望してなるのだ。比較するならむしろ「志願兵制度」だろうか。いずれにせよ，ここではなにも draft という言葉を本来の意味に窮屈にとる必要はなく比喩的に受け止めればいいのである。

　論者にはアメリカは論理的だが，日本は非論理的だ，アメリカのものは本物（「本来の」ドラフト制）だが，日本のものは偽物（「変質した」ドラフト制）だという予断（思い込み）がどうもあるようだ。「ベースボール」と「野球」がすでにして別物であるようにアメリカ流のドラフト制があってもいいし，日本的なドラフト制があってもいいではないか。ドラフト制そのものがもともと個人の職業選択の自由と抵触する以上，「逆指名」が「非論理的」であるとは思えない。「例外のない規則はない」のであって徴兵制にだって例外規定――徴兵免除や宗教的理由による「良心的兵役拒否」――はある。

　さらに上の論には前提の隠蔽（いわゆる「札かくし」）が指摘できる。自分にとって都合の悪い事実を伏せている。実は，ドラフト制の採用には2つの目的があった。1つは確かに「戦力を均衡にする」ためであったが，もう1つは天井知らずの契約金の高騰を押さえるためでもあった（ちなみに平凡社『世界大百科事典』によれば「この制度は，契約金の際限な

い高騰を防ぎ，各球団の戦力をできるだけ均衡化することを目的としたもの」であるとされる)。つまりドラフト制は「単純明快な論理で作られたもので」はなかったのだ。

要するに上の文章は論理的に見えるが，問題のある独りよがりの文章である。ちなみに言っておけば，ドラフト制を論じるのに憲法問題を持ち出す必要はない。牽強付会である。

4-5 推論形式に関わる事例

前件否定の誤り（「裏」推理），後件肯定の誤り（「逆」推理）と十分条件・必要条件の誤認は連動している。すでにこの問題については何度も何度も俎上に載せたが，この種の誤謬推理はあとを絶たない。ここではアクチュアルな話題もテーマに選んで，改めてこの問題の重要性を考えることにしよう。

【練習問題 75】次の設問に答えよ。
[1] 妥当な推論では前提が真ならば結論は必ず真である。ではその場合，結論が真であれば前提も真であると言えるか。
[2] 妥当な推論では前提が真ならば結論は必ず真である。ではその場合，前提が偽であれば結論も偽であると言えるか。
【解】[1] も [2] も答えはノーである。[1] は後件肯定の誤りであり，[2] は前件否定の誤りである。ただし結論が偽であれば前提は偽であるとは言える（後件否定規則）。

【練習問題 76】次に引くのはいわゆる「非武装平和論者」の主張である。この主張を論理的に評価して，その問題点を指摘せよ。
《日本の平和を守るためにはいかなる軍備ももつべきではない。いささ

かでも軍備をもつことは戦争への道を歩むことになる。》

【解】問題の主張の前段は次のように言い換えることができるだろう。

　[1]　一切の軍備をもたないならば日本は平和を守る（＝日本が平和であるためには非武装が絶対に必要である）。

　[1] は次のように図示できる。

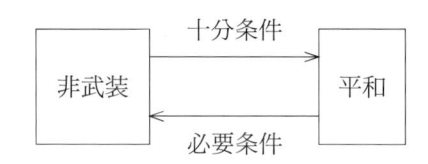

```
        十分条件
 ┌─────┐ ──→ ┌─────┐
 │ 非武装 │     │ 平和 │
 └─────┘ ←── └─────┘
        必要条件
```

　この非武装平和論者の主張は真でも偽でもありうる。つまり帰納推理である。したがって真偽を決定するには事実と照合する必要がある。緊張した国際情勢のなかでは軍備を持たない国だからといって他国に攻め込まれないという保証はどこにもない。理想主義が信じられていた（？）第2次大戦直後ならいざ知らず，緊迫した現在の国際政治はそんなに甘いものではないだろう。しかし百歩譲ってこの命題が正しいと仮定しても，非武装平和論者の主張は論理的におかしい。

　[1] が正しいとしても，逆と裏である次の主張は必ずしも正しいとは言えない。

　[2]　日本が平和を守るのは非武装だからだ。（逆）

　[3]　非武装でない〔＝軍備を持つならば〕ならば日本は平和を守れない。（裏）

　ところで，非武装平和論者の主張の後段（「いささかでも軍備をもつことは戦争への道を歩むことになる」）は明らかに [3] と同じことを述べている。非武装平和論者にあっては非武装と日本の平和はいつのまにかイコールで結ばれることになる。この両者の関係は固定したものと考えられてしまっている。ということは実際には [1] は次のように双条件文に変質しているというべきだろう。

[4]　もし一切の軍備をもたないならば，その時に限り日本は平和を守る（ことができる）。

　非武装平和論者の主張が間違っていることは [1] の対偶「日本が平和を守れないのは軍備をもつからだ」を考えてみても分かる。この主張のおかしさは世界を見まわせば，軍備をもっていて平和を守っている国はいくらでもあることからも分かる（永世中立国のスイスでさえ平和を守るために強力な軍隊をもっている）。非武装平和論者の誤りはいわゆる「後件肯定の誤り」（「逆」推理）に起因する。

　日本の平和を実現するためには非武装だけが考えられる唯一の手段だろうか。確かに非武装は平和への１つの手段ではあるかもしれない（十分条件ではある）。しかし別の手段もあるはずだ（必要条件ではないのだから）。非武装平和論者は平和を守るには非武装以外の手段もありうることを初めから排除してしまっている。平和を守るためには軍備が必要だという議論も十分ありうるのだ。

　私たちは非武装平和論者の平和に対する熱情を否定しているわけではない。その論理の硬直を言っているのだ。平和を達成するためにはさまざまな手段がありうる。そして，その中でどれが最善の手段であるかを決定するには日本が置かれている国際情勢を柔軟に，的確に判断する必要があるだろう。

【練習問題77】脳死と臓器移植の関係は脳死を肯定する立場からは次のようにまとめられるだろう。その主張のプロセスを必要条件・十分条件の観点より分析し，合わせてその問題点を指摘せよ。
《現代医学の長足の進歩により臓器移植が技術的に可能になった。そして臓器移植をすれば救われる人が大勢いる。手術が成功するためには使用する臓器は「新鮮な」ものほどよい。そのためには従来の「死の三徴候」（呼吸停止，心拍停止，瞳孔拡大＝対光反射消失）では遅すぎる。人間の死の判定を早めることはできないか。「脳死」をもって人間の死と考えて

もよいのではないか。》

【解】臓器移植のためには死の判定はなるべく早いほうが望ましい。しかし「生きている」人間の臓器を取り出すことはとうてい倫理的に許されるものではない。だとすれば従来の「死の三徴候」による死の判定に代わる新しい死の判定基準を導入するしかない。それが「脳死」だ。大昔から人類は「死の三徴候」を死の判定基準としてきた。それでまったく不都合はなかったのである。臓器移植が医学の進歩で技術的に可能になって、歴史上はじめて「脳死」が問題化したのだ。脳死問題が白熱の論争を呼ぶようになったのはもっぱら臓器移植推進派の都合（「新鮮な」臓器が欲しい）による可能性が大きい。

臓器移植推進派の推論は次のようなプロセスをたどっていると考えられる。

《臓器疾患者を救うためには臓器移植が必要だ。→臓器移植が成功するためには「新鮮な」臓器が必要だ。→「新鮮な」臓器を得るためには死を早める必要がある。→死を早めるには脳死を認める必要がある。》

このプロセスを圧縮すれば次のような主張が出てくる。

《臓器移植が成功するためには脳死判定がおこなわれることが必要である（＝臓器移植が成功するのは脳死判定がおこなわれるからだ）。》

臓器移植推進派のこの主張をともかく正しいものとして認めることにし

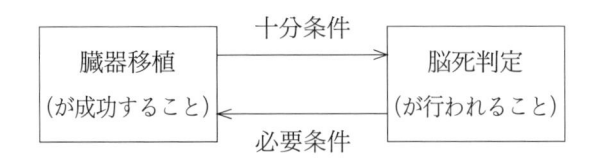

```
           十分条件
  ┌─────────┐ ────→  ┌─────────┐
  │ 臓器移植 │         │ 脳死判定 │
  │(が成功すること)│ ←────  │(が行われること)│
  └─────────┘         └─────────┘
           必要条件
```

よう。すると次のような関係が認められることになる。

上の図式から（ａ）臓器移植は脳死判定の必要条件ではないこと、また、（ｂ）脳死判定は臓器移植の十分条件ではないことが分かる。臓器移植推進派は必要条件と十分条件をすり替えてしまい、臓器移植と脳死判定をイ

コールで結んでしまっている。つまり「臓器移植が成功しないのは脳死判定が行われないからだ」「脳死判定が行われれば臓器移植が成功する」と短絡的に主張しているわけだ。

臓器移植と脳死判定についてはまだまだいろいろな問題点が解決されなければならない。臓器移植と脳死判定を根本的に見直す必要がありはしないか。

脳死判定については「脳死」と判定された妊婦が子供を無事出産した事例が報告されている。「脳死」は本当に死と言えるのか疑問が残る。また，脳死判定がおこなわれても，臓器移植については生体の拒絶反応という難しい問題が控えている。

臓器疾患で死に直面している人間を救う手だては臓器移植しかないのだろうか，別の可能性はないのだろうか。（「臓器疾患者を救うためには臓器移植が必要だ」という出発点への反省）。現代医学の進歩を考えれば生体の拒否反応という難しい問題を抱え込んでいる臓器移植に代わる別の道，たとえば人工臓器の開発に方向転換すべきではないだろうか。

無論，これは論理的観点からの1つの視点である。救える患者はなんとしても救いたいという医療の現場からは別の観点があり得るだろう。

【練習問題 78】詰め込み教育はよくないというので「ゆとり教育」が提唱された。詰め込み教育から「ゆとり教育」への方向転換を要約すれば次のようになるだろう。詰め込み教育からゆとり教育への移行は論理的か。その問題点を指摘せよ。

《詰め込み教育は生徒に過重な負担をかけるので学習効果が上がらず，生徒の学力低下につながる。だから学習内容を絞り，「ゆとり」のある授業をしたほうが学習効果が上がり，生徒の学力も向上する。》

【解】まず最初の疑問は詰め込み教育とゆとり教育は正反対（矛盾）の関係にあるだろうかということである。この両者はすでに問題にした「両立的否定」の関係ではないだろうか。つまり詰め込みでもなく，ゆとりもあ

り過ぎない，「ほどほどの」教育が考えられるのではないか。そうだとすれば詰め込み教育からゆとり教育への移行は「ゆとり」についての考察をなおざりにしたものであることが分かる。「ゆとり」という概念は曖昧で，どのようにも解釈できる。まず「ゆとり」の定義をきっちりすべきである。というよりか「ゆとり」というような曖昧な表現はまず避ける配慮があってしかるべきだった。

　だとすればまずなされるべきは「詰め込み教育をすれば生徒の学力がつかない」の対偶を検証することであったはずだ。

(1)　生徒の学力がつくのは詰め込み教育ではないからだ。

「詰め込み教育ではない」ということはどういうことかを反省すれば「ゆとりのある教育」だけではなくて「ほどほどの教育」など色々な処方箋が考えられるだろう。

　要するに，詰め込み教育を否定してゆとり教育を肯定する推理は誤った「裏」推理にほかならない。

(2)　詰め込み教育をすれば学力が低下する。
(3)　詰め込み教育をしなければ（＝ゆとりのある教育をすれば）学力が向上する。

【練習問題79】死刑制度廃止については賛否両論があるが，存続派の論証の1つに死刑抑止効果論がある。その論証は次のようにまとめられるだろう。その論証の論理的問題点を指摘せよ。

　　死刑制度は凶悪犯罪を抑制する。
　　死刑制度がなくなれば凶悪犯罪が増加する（凶悪犯罪を抑制するには死刑制度は必要である）。
　∴死刑制度廃止に反対する。

【解】これは明らかに前件否定の誤りに基づく論証である。むろん，死刑

制度と凶悪犯罪の相関関係をしっかりと裏付ける統計的データがあれば帰納推理としては問題がないけれども。

「死刑制度がなくなれば」という仮定の下で別の論証が可能である。死刑制度を廃止した結果を論理的に突き詰めてそこに矛盾を剔出する。つまり背理法に訴えることだ。

《少年法にかぎらず，およそ死刑とは，やむをえず人類が最後に選択する究極の文化である，といえる。人類以外に死刑を設定して牽制しあえる動物はいない。むろん，誰も喜んでこの制度を推進しているわけはない。死刑制度を完全に廃止してしまうと，たとえ無差別にどれだけ殺し続けても殺人犯の命だけは保証する，というあまりにも理不尽な事態を招いてしまう。》（日垣 隆『偽善系 やつらはヘンだ！』）

4-6 帰納的評価に関する事例

誤った帰納的評価は「不当な一般化」に起因する。その原因は主に次の2つに求められる。
(1) 少ないサンプル
(2) 偏ったサンプル

身近な例でいえば，よく年輩の人間が何人かの若者の振る舞いを基に「今どきの若者は……」と結論するのは(1)のケースであり，人がごく一部の悪い生徒の振る舞いを見てその学生の通っている学校を悪く判断してしまうのは(2)のケースである。

要するに「不当な一般化」は「部分」的な事例を「全体」に拡大解釈してしまうことだ。「不当な一般化」を避けるためには適切なサンプルを見つけること，それもなるべく多く集めることである。

【練習問題80】次の推論の問題点を指摘せよ。

[1]《先々週の火曜日はネックレスをなくしてしまった。先週の火曜日はバッグを盗まれてしまった。火曜日は縁起の悪い日だ。》

[2]《医者が病人に本当の病状を告げないことは場合によっては許される。だから人に嘘をついても構わない。》

[3]《私は牛乳を飲むと必ず下痢をする。きっと牛乳は体によくない飲み物にちがいない。》

【解】[1] これは「少ないサンプル」の例だ。たった2例からすべての火曜日についての帰結を引き出している。「不当な一般化」の誤りを犯している。

[2] 特例（偏ったサンプル）を全体に押し広げる「不当な一般化」である。

[3]「少ないサンプル」でもあり「偏ったサンプル」でもある。

【練習問題81】次の報告はどう評価すべきか。

《結婚したばかりの1000組の男女に質問したところ、相手から愛の告白をされたので、それで愛が芽生え、そして結婚する気になったと答える人が非常に多かった。このアンケート調査によれば、人間には相手の愛情に報いないと申し訳ない、報いなければならないという欲求（義務感・負い目）があると言えそうだ。》

【解】これは「偏ったサンプル」の例である。調査対象は結婚したカップルであるから、とうぜん愛に報いた例が多くなる。結婚していないカップルにも調査対象を拡げれば数字はおのずから変わってくるはずだ。

【練習問題82】次の文章の問題点を指摘せよ。

《米西戦争（1898年、キューバとフィリピンを舞台にアメリカとスペインの間で戦われた戦争——引用者注）の間、米海軍の死亡率は1000人につき9人であった。一方、同期間のニューヨーク市における死亡率は、

1000人につき16人であった。さて，米海軍の徴募官たちは，最近，この数字を使って，海軍に入隊した方が安全だと宣伝していた。》（ダレル・ハフ著/高木秀玄訳『統計でウソをつく法』）

【解】これは「偏ったサンプル」の例である。この2つの数字を比較するのはもともと問題がある。海軍の入隊基準を満たすような青年は頑健で健康そのものであろう。それに対してニューヨーク市民のなかには赤ん坊もいれば病弱な人や老人や病人もいる。とうぜん死亡率も高い。米国史上「素晴らしい短い戦争」と評された米西戦争中の戦死率を考慮してもサンプルに問題ありと言わざるをえないだろう。

4-7 関連性に関する事例

人物-論証や権威-論証，因果論-論証によく見られる誤謬で，もともと無関係な2つの事象（人と言動や，人と権威，継起的な事件など）に「関連性」を認めて，誤った論証を展開してしまうことである。因果性-論証では「ポスト・ホックの誤り」（因果性錯視），共通原因の見逃し，原因と結果の取り違えとして現れる。

【練習問題83】次の推論は正しいか。
《恵子は昼食の直後に急に体調が悪くなった。食事中も元気だった。彼女はふだん健康で，特にこれといった病歴もない。だとすれば彼女は食中毒に罹ったのだ。》

【解】ここに示されたデータからは食中毒と結論するには不十分だ。心臓発作かもしれない。もっと情報を集める必要がある。たとえば彼女は何を食べたのか。一緒に食事をとった人（たち）はいたのか。もしいたとすればその人（たち）はどうなのか。これは典型的なポスト・ホックな推論（因果性錯視）である。

ただ医療現場では緊急処置をしなければならない場合がある。不十分な推論ではあっても食中毒を疑って迅速に行動しなければならないことはありうる。

【練習問題 84】次の主張の問題点を指摘せよ。
《優秀な学者は寸暇を惜しんで学問に専心する。だからマスコミとは縁がない。ところで A 教授は売れっ子の「タレント教授」だ。だから彼は優秀な学者ではない。》
【解】「優秀な学者は寸暇を惜しんで学問に専心する。だからマスコミとは縁がない」という命題（前提）が真であれば後件否定規則によって上の主張は正しい。しかしこの前提そのものが問題である（したがってこの主張は論点先取りとも解される）。学者としての実力とタレント性は直接的な関連性はない。優秀な学者でマスコミに縁のある人もあるだろう。「ところで」以下を次のように書き換えた次の主張も同種の誤謬推理だ。「ところで A 教授はマスコミに縁がない。だから彼は優秀な学者である。」

【練習問題 85】次の推理の問題点を指摘せよ。
《私は昨日，日本酒とウイスキーを飲んで悪酔いした。先週は日本酒とワインを飲んで悪酔いした。先々週は日本酒と焼酎を飲んで悪酔いした。どうも日本酒が悪酔いの原因らしい。》
【解】すべてに日本酒が絡んでいるが，だからといって日本酒が悪酔いの原因だと特定するのはおかしい。日本酒と悪酔いは直接的な関連性はないだろう。要するにチャンポンにしたため結果として酒量が多かった（複合的原因）という疑いが強い。

【練習問題 86】喫煙と自殺について次のような調査結果が報告されている。このデータから喫煙と自殺は因果的関係があると主張できるか。
《タバコを吸ったことのない女性と比較すると，1 日 1 本から 24 本のタ

バコを吸う女性は2倍の自殺率を示している。そしてまた，1日25本以上のタバコを吸う女性は4倍の自殺率を示している。》
【解】喫煙と自殺のあいだに因果性を認めることは問題があるだろう。ただ，喫煙量と自殺数の間に相関関係（共変関係）が見られることは注目に値する。このことから女性を喫煙と自殺に駆り立てる共通原因を想定することができる。たとえば不安だとか，孤独感だとか，鬱病だとか，ストレスなどの精神的原因である。

【練習問題87】次のコメントは正しいか。
《テレビで放映される暴力シーンを見ることと子供の攻撃的行動の相関関係を報告する調査結果が発表されている。それに拠れば暴力シーンをよく見る子供ほど粗暴な行動に走る傾向が強いということである。こうしたデータから暴力シーンに接することは子供の攻撃的行動を助長していると結論してよい。》
【解】結論することはできない。もともと攻撃的な子供だったので好んで暴力シーンを長時間見つづけることになったという仮定がありうる。あるいはまた，子供を暴力シーンや攻撃的行動に駆り立てるなにか他の原因（共通原因）があるのかもしれない。たとえば暴力への傾斜は愛情不足や性的欲求不満に対する代償行為かもしれない。

【練習問題88】次の推論の問題点を指摘せよ。
《普段は行儀のいいおとなしい幼児が苛立ったり，暴れたりした翌日は風邪やウィルス性の疾患の徴候を示すことがよく知られている。子供が苛立ったり，暴れたりすることが病気の原因にちがいない。》
【解】この推論は原因と結果を取り違えている。体の不調（病気）が子供の行動に変調（粗暴さ）をもたらしたのだ。

【練習問題89】次の推論は妥当か。
《彼は女癖が悪い。だから彼の言うことは信じられない。》
【解】妥当ではない。女癖の悪いこととその人物の発言の信憑性は関係がない。女癖は悪くても一家言の持ち主であることはありうる。

【練習問題90】次の主張は正しいか。
《3人の女性アルバイトのなかで1人を正社員にするなら，K子にすべきだ。彼女はご主人に先立たれ，2人の幼い子供を抱えて苦労しているのだから。》
【解】この場合仕事の能力を最優先すべきである。その人物の，同情すべき境遇と仕事に対する能力とはまったく関連性がない。これは典型的な「憐れみに訴える論証」(appeal to pity)だ。同じタイプに属するものに恐怖や不安などの感情をかき立てて説得する詭弁がある。たとえば信者を獲得するために「この教えを信じないとあなたは地獄へ堕ちる！」と説得する新興宗教の勧誘員。

【練習問題91】次の文章の問題点を指摘せよ。
《私が太宰治の文学に対して抱いてゐる嫌悪は，一種猛烈なものだ。第一私はこの人の顔がきらひだ。第二にこの人の田舎者のハイカラ趣味がきらひだ。第三にこの人が，自分に適しない役を演じたのがきらひだ。女と心中したりする小説家は，もう少し厳粛な風貌をしてゐなければならない。》
(三島由紀夫『小説家の休暇』)
【解】これはもう無茶苦茶な批判である。こんな理由で批判されたらあの世にいる太宰もさだめし浮かばれないだろう。太宰の文学の本質と作者の顔や風貌や趣味はまったく無関係。「40を過ぎたら男は自分の顔に責任を持たなければならない」と言ったのは確かリンカーンだったが，太宰は40歳を迎える直前に死んでしまったから「自分の顔に責任を持てなかっ

たのだ」と加勢してやりたいところだ。おまえの顔が嫌いだから三島，おまえの文学は嫌いだと言われたらどういう答えが返ってくるのだろうか（ちなみに私は三島の顔は嫌いである）。要するにこれは「嫌いだから嫌い」という感情論で，超論理であるが，トートロジーは妙な説得力があるから要注意である。

【練習問題92】次の文章で筆者は何を問題としているのか。
《東大に女性の演歌歌手がいると『週刊朝日』がちょっと紹介したら，歌も歌わぬうちからたちまち有名人になってしまった。レコード会社，週刊誌，テレビ局の申し込みがめじろ押しだそうだ。東京大学と演歌の関係についての解説も，出たりしている。（中略）虚名ばかりが虚空にこだまする。ばかばかしい世の中だが，そのばかばかしさがばかにならない世の中でもある。》（深代惇郎『深代惇郎の天声人語』）
【解】東大という権威（ブランド）に踊らされる世間を諷している。東大生なら頭はいいかもしれないが，歌のうまさとは関係がないだろう。東大生だからといってその演歌がひと味違うということもない。東大生と演歌という珍しい取り合わせが興味をかき立てたのだろうが，そこには東大という「権威」への妄信がある。

【練習問題93】次のルソー批判は正当か。
《ジャン＝ジャック・ルソーの教育論『エミール』は信用できない。なぜならば作者ルソーは自分の子供を5人全員，孤児院へ遺棄したから。》
【解】子供を孤児院へ入れたことと『エミール』の内容は関係がない。人物‐論証による筋違いの批判（人身攻撃）だと言える。当時，子供を孤児院へ入れることはかなり一般的で，そのために道徳的批判を浴びるいわれはない。もっともルソー自身は自分の行為を長く気に病んでいたことは事実である。

あとがき

　説得するという行為は本来ないに越したことはない。そんな手間をかけなくてもお互いに心が通じ合えるのがいちばんだ。しかし昨今の状況を見わたすと，どうも説得の出番がしだいに多くなってきているようだ。
　ところで「説得すること」はレトリックの本分である。しかしながらどんなに言葉を尽くしても，説得することの限界を感じることがある。確かな根拠がほしいと切望することがある。そんなとき論理学がアリアドネーの糸のように見えてくる。しかし実際にはそうは問屋がおろさない。
　説得するという行為のなかには「論理的なもの」と「レトリック的なもの」がないまぜになっている。この両者は相補う関係にある。論理学の先にはレトリックがあり，レトリックの先には論理学がある。この認識が本書の出発点にほかならない。
　本書はアメリカ流ならば『実践クリティカル・シンキング入門』という書名になるはずであるが，わが国では無用な誤解を招きかねないので，あえて『実践ロジカル・シンキング入門』とした。そう，大切なことは「批判的＝反省的」思考力の涵養なのだ。本書の狙いもまさにこの一点にある。本書を読み終えた読者は，たぶん「批判的＝反省的」分析力をわがものとしているはずだ。いかなる言説に対しても一呼吸おいて冷静に対処するスタンスを身につけているはずだ。あとは各自の必要や好みに従って次なるステップに進めばよい。本書がそうした知的推進力の役目を果たしてくれれば幸いである。

　　　　　　　＊

　本書を書くにあたっては多くの書物のお陰をこうむっている。本来なら

あとがき

ばいちいち注記すべきであるが，専門書ではないので煩瑣さを避けてすべて省いた。巻末にあげた「参考文献」は文字どおり「参考にさせていただいた文献」である。本文の随所に貴重な示唆が生かされ反映されているはずだ。この場を借りて著者の方々に厚くお礼を申しあげる。

　末筆になってしまったが，大修館書店の金子貴氏と小林奈苗氏に心から感謝します。金子氏には草稿を何度も読んでいただき，その都度いろいろと有益な指示や助言を頂戴した。小林氏には校正の段階で大変お世話になった。

2003 年 1 月

野内　良三

参考文献

【邦文】

足立幸男　『議論の論理』木鐸社，1984

市川伸一　『考えることの科学』中央公論社（中公新書），1997

井上尚美　『言語論理教育入門』明治図書，1989

香西秀信　『反論の技術』明治図書，1995

─────　『議論の技（わざ）を学ぶ論法集』明治図書，1996

─────　『修辞的思考』明治図書，1998

小室直樹　『数学嫌いな人のための数学』東洋経済新報社，2001

近藤洋逸・好並英司　『論理学入門』岩波書店，1979

坂原茂　『日常言語の推論』東京大学出版会，1985

坂本百大・坂井秀寿　『新版 現代論理学』東海大学出版会，1971

戸田山和久　『論理学をつくる』名古屋大学出版会，2000

中村敦雄　『日常言語の論理とレトリック』教育出版センター，1993

野内良三　『レトリック辞典』国書刊行会，1998

─────　『レトリックと認識』日本放送出版協会（NHKブックス），2000

野矢茂樹　『論理学』東京大学出版会，1994

─────　『論理トレーニング』産業図書，1997

三浦俊彦　『論理学入門』日本放送出版協会（NHKブックス），2000

三輪正　『議論と価値』法律文化社，1972

山下正男　『論理的に考えること』岩波書店（岩波ジュニア新書），1985

【邦訳】

アリストテレス/戸塚七郎訳　『弁論術』，岩波文庫，1992

　『アリストテレス全集2』［＝村治能就訳『トピカ』＋宮内璋訳『詭弁論駁論』］

岩波書店，1970

W・C・サモン/山下正男訳　『論理学』（三訂版）培風館，1987

J・ノルト/D・ロハティン/加地大介訳　『マグロウヒル大学演習　現代論理学（Ⅰ）』オーム社，1995

J・ノルト/D・ロハティン/加地大介・斎藤浩文訳　『マグロウヒル大学演習　現代論理学（Ⅱ）』オーム社，1996

ペレルマン/三輪正訳　『説得の論理学』，理想社，1980

E. B. ゼックミスタ，J. E. ジョンソン/宮元博章ほか訳　『クリティカルシンキング　入門篇』北大路書房，1996

E. B. ゼックミスタ，J. E. ジョンソン/宮元博章ほか訳　『クリティカルシンキング　実践篇』（第2版）北大路書房，2001

【欧文】

Gérard CHAZAL : *Éléments de logique formelle*, Hermès, 1996

Patrick J. HURLEY : *A Concise Introduction to Logic*, Wadsworth, 7th ed., 2000

Brooke Noel MOORE, Richard PARKER : *Critical Thinking*, Mayfield Publishing Company, 6th ed., 2001

Chaïm PERELMAN et Lucie OLBRECHTS-TYTECA : *Traité de l'argumentation*, Editions de l'Université de Bruxelles, 5e Edition, 1992

Olivier REBOUL : *Introduction à la rhétorique*, P. U. F., 1991

Jean-Jacques ROBRIEUX : *Éléments de rhétorique et d'argumentation*, Dunod, 1993

Merrilee SALMON : *Introduction to Logic and Critical Thinking*, Wadsworth, 4th ed., 2002

Stephen TOULMIN : *The Uses of Argument*, Cambridge U. P., 1958/1980

Stephen TOULMIN et al. : *An Introduction to Reasoning*, Macmillan, 1978/1984

Denis VERNANT : *Introduction à la logique standard*, Flammarion, 2001

索引

〈あ〉
アナロジー 102
憐れみに訴える論証 188
暗黙の前提 97, 114, 163
一致法 148
因果性 146
因果性錯視 150
因果論-論証 145
裏 52
裏推理 53
演繹推理 58

〈か〉
蓋然性 97
蓋然的 88
仮言判断 66
仮言命題 66, 67
仮説 103
偏ったサンプル 183
可能な選択肢 63
間接推理 78
間接的類似性 100
寛大の原理 32
完璧主義者の誤り 134
換喩 91
換喩的推理 92, 112
記号列 13
帰納推理 58
詭弁 112, 160
逆 46

逆推理 47
共起性 146
共通の原因 150
議論分析 89
薫製ニシン 168
継起性 146
結合律 27
権威-論証 155
健全な推論 58
交換律 27
後件肯定の誤り 8
後件否定規則 7
恒真式 95
公平原則 117, 119
公平-論証 119
誤謬推理 42, 160
コンテクスト 14, 114

〈さ〉
差異法 149
三段論法 65, 66
 　仮言—— 12, 66
 　選言—— 12, 63
 　定言—— 65
自己言及 162
事実的論証 118
実質的含意のパラドックス 41, 42
周延 71
十分条件 46

主要論理演算子 23, 24
順（正） 46
準論理的論証 118
消去法 64
条件記号 21
小前提 68
小反対 36
小名辞 67
真偽不定 11
人身攻撃 171, 189
人物-論証 118, 157
真理値 18
真理表 18
推移性 42
推移律 118
推理規則 11
少ないサンプル 183
スケープゴート 165
滑りやすい坂-論証 163
選言記号 19
前件肯定規則 5
選言肢 20
前件否定の誤り 8, 112
選言文 20
全称肯定文 72
全称否定文 72
全称命題 74
選択肢 63
総合的推理 4

索引

双条件文 51
〈た〉
対偶 46,48
大小（大小対当） 80
大前提 68
対当―四角形 37
対当推理 78
大名辞 67
多重質問の誤り 134
妥当性 5
妥当な推論 6,44
喩え 142
単純命題 17
中名辞 67,68
直接推理 78
直接的類似性 100
対概念 35
通念 96
強い否定 35
定義-論証 121
定言命題 66,67
提喩 145
同一性 121
同一律 118
トゥールミンの図式 89
同値 13,48
トートロジー 95
特称肯定文 72
特称否定文 72
特称命題 72,74
〈な〉
なおさら-論証 118,127

二値性 15,116
二値的 13
二分法 164
〈は〉
排他的選言 32,133
排他的否定 36
排中律 88,131
媒名辞 68
背理法 118,139
発話環境 14,114
反証法 60
反対（反対対当） 36
反例 59
反例提示法 60
必要十分条件 51
必要条件 46
否定記号 17
否定詞 33
否定除去規則 12
否定命題 71
非両立的 63
非両立-論証 118,131
複合命題 17
不周延 71
不当な一般化 183
部分攻撃 165,169
部分否定 33
分析的推理 5
ベン図 73
方向性の論証 163
補助前提 114

ポスト・ホックの誤り 150,185
〈ま〉
矛盾（矛盾対当） 36
名辞 16,17
命題 16,17
〈や・ら・わ〉
弱い否定 35
両刀論法 118,134
両立的選言 32
両立的否定 36
隣接性 158
類似性 92,100,102
類比推理 92,101
例証 142
例示-論証 118,142
レッテル 125
連言記号 19
連言肢 19
連言文 19
連鎖式 83
論点 167
　――先取り 171
　――すりかえ 170,172
　――操作 167
　――捏造 167
　――はずれ 167
論理演算子 15
論理記号 12
論理式 13
わらの男-論証 170

[著者略歴]

野内良三（のうち　りょうぞう）
1944年東京に生まれる。東京教育大学文学部仏文学科卒業。同大学院文学研究科博士課程中退。静岡女子大学助教授，高知大学教授，関西外国語大学教授を歴任。専門はフランス文学・レトリック。2014年逝去。おもな著書として，『レトリック辞典』(国書刊行会，1998年)，『レトリックと認識』(日本放送出版協会，2000年)，『レトリック入門』(世界思想社，2002年)，『うまい！日本語を書く12の技術』(日本放送出版協会 生活人新書，2003年) などがある。

実践ロジカル・シンキング入門──日本語論理トレーニング
© Nouchi Ryozo, 2003　　　　　　　　　NDC816／xii, 195p／21cm

初版第1刷	2003年2月1日
第5刷	2020年9月1日

著者─────野内良三
発行者────鈴木一行
発行所────株式会社　大修館書店
　　　　　〒113-8541　東京都文京区湯島2-1-1
　　　　　電話03-3868-2651（販売部）　03-3868-2293（編集部）
　　　　　振替00190-7-40504
　　　　　［出版情報］https://www.taishukan.co.jp

装丁者────倉田早由美(サンビジネス)
本文図版───海野雅子(サンビジネス)
印刷所────壮光舎印刷
製本所────牧製本印刷

ISBN978-4-469-21276-1　　　Printed in Japan

Ⓡ本書のコピー，スキャン，デジタル化等の無断複製は著作権法上での例外を除き禁じられています。本書を代行業者等の第三者に依頼してスキャンやデジタル化することは，たとえ個人や家庭内での利用であっても著作権法上認められておりません。